AF191968

In diesem Büchlein ist mitunter die Rede von meiner besseren Hälfte. Ich hätte sie gern auch die beste Ehefrau von allen genannt, doch in diese Sphären wird mein Weib leider niemals eindringen können. Die beste Ehefrau von allen,

die hat Ephraim.

Raniero Spahn, Jahrgang 1946, lebt im Ruhrgebiet. Der vorliegende Band ist das Erstlingswerk des Autors. Ein weiterer Band ist in Vorbereitung.

Raniero Spahn
Bolero
Satirische Erzählungen

September 2003
Alle Rechte liegen beim Autoren.
Herstellung und Verlag:
Books on Demand GmbH, Norderstedt
ISBN 3-8334-0045-5

Inhalt

Vorwort

Der Tag war gekommen. In einem nicht allzu langen Zeitraum hatte ich eine beachtliche Ansammlung von Kurzgeschichten verfasst. Ich reichte diese Lektüre lieben Freunden, auf deren Urteil ich großen Wert legte, zur intensiven Prüfung weiter und erhielt sie mit wohlmeinender Kritik und aufmunternden Anmerkungen zurück. All das lag nun vor mir ausgebreitet auf dem Tisch des Hauses. Es konnte losgehen, der Zeitpunkt war gekommen, diese Geschichten unters Volk zu bringen.

Doch wie sollte man so etwas angehen? Die ausgedruckten Exemplare vervielfältigen und in den Fußgängerzonen der Metropolen des Landes verteilen, gleichsam wie Flugblätter? Nein, ein Verlag musste her; ein Buchverlag, der wohlgestaltete Druckexemplare herstellen und meinen geistigen Ergüssen die richtige Form verleihen würde. Hatte nicht zuletzt seit Erfindung der Kunst des Buchdruckens eine Unzahl von Autoren vor meiner Zeit ähnlich gehandelt? Das war der richtige Weg! Und viele Exemplare mussten es sein, unendlich viele. Schließlich sollte es keinem potenziellen Leser im deutschsprachigen Raum zugemutet werden, auf den Genuss dieser erbaulichen Schriften länger als unbedingt notwendig warten zu müssen. Auch sollte der Zeitpunkt des Erscheinens des Werkes wohlkalkuliert und durchdacht sein. Ich stellte mir vor, ein Spektakel zu veranstalten, wie man es von den Neudruckerscheinungen der einzelnen Harry Potter Bänden her kannte; allerdings nicht um Mitternacht, zur Geisterstunde, sondern um zwölf Uhr mittags, zum high noon! Die Menschen würden um diese Zeit nicht in die Kantinen eilen, sondern zu den zahlreichen Schauplätzen der Herausgabe meines Buches, um sich im wohligen Getümmel ein Druckstück zu sichern.

Doch bei diesen Überlegungen hielt ich inne.

Und wenn es nun ganz anders käme?

Wenn zu diesem in allen wichtigen Medien publik gemachtem Termin kein Mensch erschiene und stattdessen die Kantinen einen Normalbetrieb verzeichneten?

Von diesem schrecklichen Gedanken erschüttert, entschloss ich mich, einen anderen Weg zu gehen. Ich würde nur ein Exemplar drucken lassen, ein einziges! Aber gab es denn einen Verlag oder eine ähnliche Institution, die in einer derart überschaubaren Anzahl produzieren würde?

Ich fand eine solche! Nun wird, wenn die Nachfrage einsetzen sollte, nachgedruckt,

ein Stück nach dem anderen.

Ein Schuss in der Oper

Im Zug unterwegs, in den Süden, ein Vater, mit seiner Tochter. Wir sitzen im Abteil, mit weiteren vier jungen Menschen, zwei offensichtlich verliebten Paaren. Die vier schäkern fröhlich.

Wir haben Fensterplätze, meine kleine Tochter und ich, wir genießen die Aussicht auf den behäbig dahin fließenden Rhein. Meine Tochter hat ihren Walkman in der Hand, einen Minikopfhörer im Ohr; die Füße wippen vergnügt. Mir kommt der Gedanke, mich auch ein wenig der Musik hinzugeben. Ich hatte mir am Vortag eine CD, Compact Disc in neudeutsch, zugelegt; einen Auszug aus der Macht des Schicksals. Ich krame im Rucksack, finde meinen Discman und die besagte CD. Auf dem Plattencover ist ein Revolver abgebildet.

Bevor ich die CD einlegen kann, nimmt meine Tochter aufgeregt den Ohrclip heraus und schaltet ihren Walkman aus.

»Papa, warum ist da ein Revolver drauf?«

»Das hier ist eine Oper von einem der größten Opernkomponisten der Welt, von Giuseppe Verdi. Das Bild mit dem Revolver ist nur ein Sinnbild, weil in der Oper geschossen wird.«

»Und warum schießt der Giuseppe Verdi in der Oper?«

Die jungen Leute im Abteil sind aufmerksam geworden. Sie schauen mich erwartungsvoll an. Ihre Augen blitzen verdächtig amüsiert.

»Kind, Giuseppe Verdi schießt nicht in der Oper, er lässt höchstens schießen, vielmehr sein Librettist.«

»Papa, was ist ein Librettist?«

Ich kratze meine Bildung zusammen.

»Ein Librettist, das kommt vom lateinischen Wort *librum*, das heißt Buch, das lernst du noch in der Schule. Der Librettist schreibt ein Buch, in diesem Fall schreibt er die Texte, die die Sänger auf der Bühne singen sollen.«

»Und warum schießt der Librettist?«

Die vier jungen Leute lachen mich jetzt offen an.

»Kind, der Librettist schießt doch auch nicht! Du musst dir das nicht wie einen Wildwestfilm vorstellen. Das hier ist eine Oper! Es fällt nur ein Schuss, ganz am Anfang, und das geschieht auch noch aus Versehen. Ein Mann schießt, und ein anderer fällt um.«

»Und dann kommt die Polizei?«

»Was? Wieso die Polizei? Was soll die denn da?«

Ich bin ein wenig von der Rolle.

»Wenn geschossen wurde, kommt immer die Polizei«, sagt meine Tochter trotzig. »Das kenn ich vom Fernsehen.« Die jungen Leute versuchen krampfhaft, ein Losplatzen zu unterdrücken. Ich ringe verzweifelt mit beiden Händen.

»Nein, es kommt keine Polizei. Der Mann kann vorher fliehen.«

Meine Tochter denkt ein wenig nach.

»Ach so, Papa, ich verstehe, dann wartet die Polizei hinter der Bühne, und wenn die Oper zu Ende ist, wird der Mann verhaftet und abgeführt.«

Beide Paare platzen jetzt wirklich los. Ich nehme all meinen väterlichen Ernst zusammen.

»Das ist doch nur eine Oper! Das wird doch nur gespielt. Das verstehst du vielleicht noch nicht so ganz. Doch wenn du größer bist, dann gehen Mama und ich mit dir mal in eine richtige Oper. Aber wir gehen in eine andere Oper, dieses Stück ist sicher für den Anfang noch zu schwer. Es gibt auch leichtere Opern, richtig lustige Sachen, wie zum Beispiel der Barbier von Sevilla.«

»Der Vampir von Sevilla?« lacht meine Tochter mit kindlichem Lachen. Das ganze Abteil lacht lauthals mit. Entnervt sage ich zu ihr: »Komm, wir gehen in den Speisewagen.«

Auf dem Weg zum Speisewagen nehme ich mir fest vor, zu hause nach einer geeigneten Lektüre zu suchen; einen Opernführer für Anfänger, kindgerecht aufgebaut. So etwas muss es doch, verdammt noch mal, geben!

Tanz aus der Ferne

Es gibt Tänze, Tanzarten und Stilrichtungen in mannigfacher Weise. Waren es Tänze nach Art des Walzers, Tangos oder Foxtrott, um nur einige zu nennen, bei denen sich unsere Altvorderen, die in der Regel noch eine Tanzschule inklusive aller Benimmregeln ihrer Zeit besucht hatten, mit ihren Partnerinnen dazumal vergnügten, so tanzte man zu unserer Zeit, will sagen, als wir noch sehr jung waren, eher den Rock'n'Roll, den Beat, vielleicht noch den Twist; ansonsten wurden beim langsamen Tanz einfach die Arme um die Herzensdame gelegt und zu der entsprechenden Musik wie zum Beispiel beim Blues eine ruhige Kugel geschoben.

Nun sind es ja auch schon einige Tage her, als wir jung waren, meine frühere Verlobte und ich.

Der musikalische Geschmack und vor allem die heutige Art zu tanzen haben sich seitdem erheblich verändert. Nun möchte ich an dieser Stelle nicht in die gebetsmühlenartige Leier einstimmen, der häufig die Menschen unterliegen, wenn sie älter werden, dass alles zu ihrer Zeit besser war. Nein, besser war es zu unserer Zeit wohl nicht, es war nur anders, so etwas bringt der Wandel der Zeit einfach mit sich.

Was sich grundlegend von der damaligen Zeit unterscheidet, ist die völlig andere Art, in der man heutzutage das Tanzbein schwingt. Während wir früher, wie bereits erwähnt, bei langsamer Musik die Arme um die Partnerin schlangen und je nach Grad der Verliebtheit mehr oder weniger hautnah zur Sache gingen, so kann man dieses heute auf dem Parkett nicht mehr in dieser Form beobachten.

Nicht nur, dass die engen Hautkontakte bei der heutigen Jugend während des Tanzens verpönt zu sein scheinen, weil sie sich vielleicht als störend erwiesen haben, nein, man tanzt auf den Tanzflächen der modernen Zeit in der Regel *ohne* Partner, man legt still oder in völliger Entrückung, je nach Temperament, seine (kesse) Sohle hin und verlässt anschließend das Parkett.

Nun gut, auch wir absolvierten die knallharten Tänze wie Rock'n'Roll und Beat nicht in hautenger Form, sondern wir lockerten hierbei unsere Gelenke auch ein wenig losgelöst von der Partnerin, doch wir verblieben immerhin noch in ihrer Sichtweite, und in der Regel betraten und verließen wir die Tanzdiele mit ihr gemeinsam. Heutzutage indes tanzt eher jeder für sich allein.

Zu welchen Folgen und Ausuferungen eine solche Tanzweise führen mag, konnten wir, mein Weib und ich, unlängst anlässlich einer goldenen Hochzeitsfeier an einem Samstagabend hautnah beobachten.

Dieses Fest fand in einer größeren Hotelanlage statt, die über mehrere Tanzlokale und Restaurants, verteilt auf verschieden Ebenen, verfügte. In jeder dieser Lokalitäten wurde gefeiert und getanzt, zu Live Musik oder Musik von der Konserve, je nach Laune und Publikumsgeschmack. Trotz dieser zeitgleichen musikalisch untermalten Festivitäten verhinderte eine gute Akustik sowie die verschachtelte Bauweise des Gebäudes ein Übergreifen der einzelnen Geräuschkulissen, sodass man sich in jedem einzelnen dieser Lokale ungestört der jeweiligen Musik hingeben konnte.

Diese verschiedenen Lokalitäten hatten meine Neugier geweckt, und so verließ ich während einer Tanzpause das Restaurant und begab mich in den Innenhof des weitläufigen Gebäudes, in welchem sich eine großzügig angelegte Treppenanlage, die einen gläsernen Aufzug umschloss, befand.

Treppauf und treppab durchstreifte ich das Haus und schaute von außen in die einzelnen Lokale hinein. Überall wurde getanzt, und in jedem dieser Räume tanzte man nach dem gleichen Muster; ein jeder tanzte für sich allein!

Als ich einen dieser Räume ein wenig näher in Augenschein nahm, fiel mir eine Besonderheit auf, die ich bis zum damaligen Tage noch nie gesehen hatte, auf einer Tanzfläche. Alle Personen auf dem Parkett hielten Mobiltelefone in der Hand; einige von ihnen schrieen in diese Telefone hinein, andere pressten diese ans Ohr und lauschten den Tönen aus den Hörern.

Was war das denn, fragte ich mich verblüfft. Eine Telefonfete? Ein neues Modespiel, erfunden von einer Telefongesellschaft, die miese Zahlen schrieb?

Ich schaute noch intensiver hin und bemerkte eine weitere Kuriosität. Die Menschen auf der Tanzfläche, in der Überzahl waren es sehr junge Leute, tanzten alle eine andere Stilrichtung, eine andere Tanzart.

Ein junger Mann beispielsweise rockte vor sich hin wie ein Zitteraal und schrie dabei wie von Sinnen in sein Handy, ein anderer hielt einen Arm angewinkelt und rollte zärtlich mit den Augen, als halte er ein süßes Mädchen im Arm. Eine junge Frau wiederum bewegte sich in einem Tanzschritt, der selbst für mich als Laie unschwer als Tango zu erkennen war.

Wie war so etwas möglich, fuhr es mir durch den Kopf. Es spielte doch nur eine Musikband im Saal. Die Band konnte doch unmöglich all diese verschiedenen Tanzmusiken gleichzeitig spielen.

Mit äußerster Verwunderung wandte ich mich ab und begab mich zum nächsten Lokal. Auch hier das gleiche Bild. Alle tanzten verschiedene Stilrichtungen und hielten ihr Mobiltelefon in der Hand, aber es spielte nur eine Band!

Ein junger Mann, der ziemlich nahe an der Eingangstür grimmige Verrenkungen in der Art eines Rock'n'Roll verrichtete, musste meinen verwunderten Gesichtsausdruck wahrgenommen haben. Er verließ das Lokal, das Handy weiterhin am Ohr, und trat auf mich zu.

»Hey, Alter, was guckst du? Hast du noch nie jemanden tanzen gesehen?«

»Das wohl«, begann ich vorsichtig, man konnte ja nie wissen, »aber wir haben früher nicht mit dem Handy getanzt.«

»Ja, hör mal!« lachte er schallend, »Ihr hattet ja zu eurer Zeit gar keine Handys!«

Unwillkürlich musste auch ich lachen; ich stellte mir vor, wie wir damals ausgesehen hätten, mit unseren Telefonapparaten in der Hand, mit Anschlussdose, Hörer und Wählscheibe, womöglich noch eine Fernsprechanlage mit Mikrofon und hundert Anschlüssen, auf der Tanzfläche!

»Aber sag mal«, fragte ich den jungen Mann, ich hatte nunmehr meine anfängliche Scheu überwunden, »warum tanzt ihr denn mit euren Telefonen herum?«

»Oh, Mann, du bist wirklich nicht von heute; ich glaube, du lebst noch in der Zeit, als Hacke, Spitze und Wechselschritt getanzt wurde. Mensch, das ist der Handytanz, der neueste Trend aus Kasachstan, dort tanzen sie schon lange so, schon einen Sommer tanzen sie da so!«

»Und was hat es damit auf sich, mit dieser Art des Tanzens?«

»Diese Art des Tanzens«, äffte er mich nach, »ich erkläre es dir, weil ich Mitleid mit dir habe, und weil ich einmal auch so alt sein werde, wie du. Wer weiß, was dann getanzt wird. Es ist so. Du hast vielleicht schon gesehen, dass es in dieser location hier mehrere Räume gibt. Und in jedem dieser Räume tanzt man so wie hier, außer in eurer Goldbude. Du kommst doch sicher aus der Goldbude, nicht wahr?« spielte er auf die goldene Hochzeit an.

Ich bejahte.

»Wir tanzen hier, wenn man so will, zwar allein, ein jeder für sich, aber wir sind trotzdem untereinander verbunden, musikalisch, wir tanzen und rocken sozusagen gemeinsam im ganzen Haus. Meine Partnerin rockt im vierten Stock, da oben, ich habe sie hier am Telefon. Da oben spielen sie einen verdammt guten Rock, etwas aus deiner Zeit, Opa!«

Ich überhörte den Opa und fragte erstaunt: »Das heißt, du tanzt gar nicht nach der Musik in deinem Saal, sondern nach der Rockmusik, die von oben kommt, über dein Handy?«

»Du hast es gecheckt, Alter, du bist doch noch nicht soweit weg von gut und böse, wie ich dachte. Genauso ist es, Mann, hier tanzt keiner nach der Musik, die in seiner location gespielt wird, hier tanzt jeder nur nach seinem Handy! Ferntanz nennt man das, man kann auch Teletanz sagen.«

Er streckte mir sein Telefon entgegen.

»Will'ste mal?« Ich verzichtete dankend.

»Dann tschüss, Grandpa, amüsier dich gut, beim Menuett, in deinem Barockzimmer!« lachte er und rockte zurück in das Lokal, das Ohr weiterhin am Mobiltelefon.

Leicht verstört trat ich meinen Rückweg an, zur goldenen Barockbude, als ich plötzlich auf der Stelle erstarrte. Ich schaute durch die Tür eines weiteren Tanzschuppens, der Anblick ließ mich erschaudern.

Mein Weib befand sich auf der Tanzfläche, das Handy am Ohr; mit wem mochte sie wohl tanzen?

Mona Lisa

Entspannt lag ich auf der Couch, ein heiteres Buch vor Augen. Es war ein Sonnabendnachmittag, im Vorsommer. Ich war allein. Meine bessere Hälfte hatte sich davongemacht, auf einen Spaziergang, bei diesem schönen Wetter, nicht ohne mich vorher einen Faulpelz gescholten zu haben. Der Rest meiner Familie, meine erwachsenen Kinder, war irgendwo in der Wohnung verstreut. Ein plötzliches Telefonklingeln, lauter und energischer als normal, wie mir schien, riss mich aus meiner Lektüre. Mein Bruder wollte von mir wissen, wie Schalke gegen Dortmund gespielt hätte.

Hierzu sei angemerkt, dass jeder Fußballfachmann sofort im Bilde ist, wenn man von Schalke und Dortmund spricht. Es gibt im Westen unseres Landes zwei seit ewigen Zeiten rivalisierende Fußballvereine, um nicht zu sagen, zwei Fußballreligionen. Ist man Anhänger eines dieser Vereine, kann man unmöglich Sympathie für den anderen Verein hegen, geschweige denn ein Fan des anderen Fußballclubs sein.

In der Tat wie bei zwei verschiedenen Religionen. Schlimmer noch! Bei zwei Religionen gibt es ja hin und wieder die gegenseitige Toleranz; bei Schalke und Dortmund gibt es nur die gegenseitige Verachtung. Von diesem allgemein anerkannten Grundsatz, ein Philosoph würde formulieren, von dieser unumstößlichen Wahrheit, hatte ich zwar Kenntnis, darüber hinaus interessierte mich Fußball bis auf einige wichtige Länderspiele eher marginal.

Nicht so meinen Bruder.

Er hatte schon seit frühester Kindheit mit dem Verein Schalke geliebäugelt und nahm rege teil an allen Spielen dieser Mannschaft. Umso größer war meine Verwunderung, dass er von *mir* wissen wollte, wie das Spiel ausgegangen war. Es sollte sich sodann herausstellen.

»Wir sind zurzeit in Frankreich, in Paris. Daher habe ich keine Information über den Verlauf des Spieles«, klärte er mich auf, »kannst du mir nicht weiterhelfen?«

Mit ›wir‹ meinte er seine Frau, meine Schwägerin, und sich. Nun erinnerte ich mich, dass sie bei ihrem letzten Telefonat vor einigen Tagen diese Reise nach Paris erwähnt hatten.

»Wo seid ihr denn im Moment genau?« wollte ich wissen.

»Wir sind hier im Louvre, im bekanntesten Raum des Gebäudes, unmittelbar vor dem Gemälde der Mona Lisa. Ich rufe über Handy an.«

»Du stehst im Louvre und willst wissen, wie Schalke gespielt hat?« begehrte ich auf, »Hast du denn nichts besseres zu tun an einem solchen Ort?«

»Ja, mein Gott, das verstehst du nicht. Es ist schließlich ein sehr wichtiges Spiel. Tust du mir bitte den Gefallen und schaltest den Fernseher ein. Im Videotext kannst du es nachlesen.«

Widerwillig schaltete ich das Fernsehgerät ein. Dem Text konnte ich entnehmen, dass das Spiel eins zu eins stand, und dass es noch nicht beendet war. Diese Nachricht teilte ich meinem Bruder mit.

»Noch nicht zu Ende, die Partie?« fragte er ungläubig, »Lassen die etwa nachspielen? Schalte doch einmal dein Radio dazu, da gibt es eine Direktübertragung.«

Auch diesen Gefallen tat ich ihm, ohne besondere Lust. Kaum hatte ich das Radio eingeschaltet und den Ton laut gedreht, als es aus dem Lautsprecher dröhnte:

»Tor! Tor in Schalke! Tor! Tor! Schalke hat ein Tor erzielt. Es steht zwei zu eins für Schalke!«

Ich wollte meinem Bruder diese für ihn so glückliche Nachricht weitergeben, aber er hatte sie offensichtlich schon vernommen.

»Tor!« schallte es mir am Telefonhörer entgegen, aus Paris, aus dem *Louvre*, »Tor!«

Er konnte sich gar nicht mehr beruhigen. Ich wollte ihm gerade zu diesem Tor gratulieren, da hörte ich durch das Telefon einen schrillen Ton, wie von einer Sirene. Von meinem Bruder hingegen hörte ich nichts mehr. Stattdessen erklang am anderen Ende der Leitung eine fremde Männerstimme, die mich in französischer Sprache anschrie. Ich verstand kein Wort.

Was war da geschehen, in Paris? Ein Attentat? Dann wurde die Verbindung unterbrochen. Fieberhaft suchte ich in unserem privaten Telefonbüchlein die Mobilrufnummer meines Bruders. Ich wählte diese Nummer.

Besetzt!

Ich versuchte einige weitere Male. Immer besetzt. Entnervt gab ich es auf. Ich konnte nichts tun, nur warten. Zwischenzeitlich suchte ich im Videotext des Fernsehers nach Meldungen aus Frankreich, aus Paris.

Vergeblich.

Ich merkte, wie ich immer unruhiger wurde. Mein Weib war auch noch nicht zurückgekehrt, von ihrem

Spaziergang. Es verging eine Stunde, es verging eine weitere Stunde, in quälender Ungewissheit.

Schließlich schellte das Telefon. Hastig griff ich zum Hörer. Meine Schwägerin sprach am anderen Ende der Leitung. Sie teilte mir mit, dass mein Bruder verhaftet worden war, im Louvre, und sich in französischem Polizeigewahrsam befinde.

»Was, zum Teufel, ist denn geschehen?« wollte ich wissen.

»Was geschehen ist?« fragte sie in vorwurfsvollem Tonfall zurück, »Eigentlich bist du ja schuld an diesem Dilemma!«

»Wie bitte? Was habe ich denn damit zu schaffen?«

Sie klärte mich mit kurzen Worten auf. Unmittelbar nach dem Torschrei aus meinem Radio, den mein Bruder über das Telefon hören konnte, hatte er nicht mehr an sich halten können; im fernen Paris, im bekanntesten Museum der Welt.

Er hatte ebenfalls einen Torschrei von sich gegeben, markerschütternd, so laut, dass alle Besucher, die sich mit ihm im selben Raum vor dem berühmten Gemälde befanden, zusammenfuhren, wie bei einer Explosion.

Einen solchen Schrei hatte man, soweit man zurückdenken konnte, im Louvre noch nicht gehört; einen solchen Schrei hatte man vermutlich in ganz Paris seit der französischen Revolution nicht mehr gehört. Darüber hinaus hatte dieser furchtbare Schrei eine weitere absolut nicht beabsichtigte Wirkung erzielt. Durch die ungeheure Lautstärke dieses Torschreies hatte sich die sensible Alarmanlage in diesem

Raum, in welchem man normalerweise nur ehrfurchts-voll verhaltene Töne gewohnt war, in Tätigkeit gesetzt.

Aus dem gesamten Louvre waren sofort ganze Wachmannschaften herbeigeeilt, hatten meinen Bruder umringt und ihm das Mobiltelefon aus der Hand gerissen. Sie hielten ihn für einen Kulturterrorristen, der es auf die Mona Lisa abgesehen hatte, und die Person am anderen Ende der Strippe, mich, hielt man für den Drahtzieher dieses Terroraktes.

Ich war schockiert. Konnte das wahr sein, oder träumte ich? In Schalke fällt ein Tor, das den Louvre in Paris erzittern lässt? Ich rang nach Fassung. Meine Schwägerin hatte meine Verstörung bemerkt und versuchte mich zu beruhigen.

»Wie du weißt, spreche ich ja gottlob ein wenig französisch. Ich werde jetzt, nachdem sich hier alles etwas beruhigt hat, zur zuständigen Polizeibehörde gehen und den Sachverhalt, so gut ich kann, darlegen, aber auf meine Weise, denn wenn ich den Beamten hier von Schalke erzähle, um zu erklären, wie es zu diesem Missverständnis kam, dann sperren sie mich gleich auch noch ein.«

So sprach sie und entschwand zur Polizeiwache, um das ›Missverständnis‹ aufzuklären. Wie sie uns, meiner Frau, die mittlerweile von ihrem Spaziergang zurückgekehrt war, und mir beim nächsten Telefonat mitteilte, hatte sie den verblüfften Polizeibeamten erklärt, dass es der erste Besuch für sie beide gewesen sei, in Paris, und auf einen Besuch des Louvre hatten sie sich besonders gefreut.

Als sie dann endlich vor dem berühmten Bild standen, habe ihr Mann nicht anders gekonnt, als durch einen lauten Schrei der Verzückung seiner Begeisterung Ausdruck zu verleihen. Diese Erklärung hatte die Beamten nicht so richtig überzeugen können, wie sie unschwer an ihren ungläubigen Gesichtsausdrücken ablesen konnte. Nichtsdestotrotz wurde mein Bruder nach dieser Erklärung sofort auf freien Fuß gesetzt, so schnell, dass man sich des Eindrucks nicht erwehren konnte, dass die Polizei froh war, sich eines derartig begeisterten Mona Lisa Fans entledigen zu können.

Wenn mein Bruder sich in Zukunft einmal wieder bei mir nach einem Fußballergebnis erkundigen sollte, werde ich mich genau informieren, wo er sich zur Zeit dieses Gespräches befindet. Man stelle sich vor, er ruft aus dem Vatikan an...

Bolero

Wir wohnten noch nicht lange in diesem Haus. Die neuen Nachbarn kannten wir vom täglichen Umgang, doch all ihre Namen wollten sich so schnell noch nicht einprägen. So etwas dauert halt seine Zeit. Innerhalb unserer Familie hatten wir deshalb andere Bezeichnungen, die wir rein visuell ableiteten, für die Hausnachbarn ge- und erfunden. Der lange Schwarze mit der Vollschlanken, der lustige Graue mit der fröhlichen Oma, und so weiter.

Eines Nachts, es war die Nacht von einem Samstag auf einen Sonntag, wurde ich so gegen drei Uhr von einem dumpfen Geräusch, ähnlich einem Trommelklang, aus dem Schlaf geschreckt.

»Was war das denn?« fragte ich schlaftrunken meine bessere Hälfte; auch sie war gerade aufgewacht und rieb sich die Augen. Das Geräusch verstärkte sich zunehmend. Wir standen auf und begaben uns in unserer Wohnung auf die Suche, um dieses Geräusch, das mittlerweile eine bedrohliche Lautstärke angenommen hatte, zu orten. Hatten wir vergessen, den Fernseher auszustellen? Die Stereoanlage?

Nichts dergleichen. Vorsichtig spähten wir in die Zimmer unserer Kinder. War da vielleicht eine Party im Gange, von der wir nicht informiert waren? Fehlanzeige. Unser Nachwuchs schlummerte selig in den Betten, noch, trotz des großen Lärms. Erleichtert stellten wir fest, dass dieses Getöse nicht aus unseren Wohnräumen kam.

Doch wo kam dieser Donnerhall denn dann her? Es war uns trotz größter Anstrengung noch nicht gelungen, ihn zu identifizieren, diesen Donner. Sollte es sich gar um Musik handeln, um ein Musikstück?

Tam-tatata, tatatatata tam-tatata... Was ist das für eine Musik? Wir blickten uns an, mein Weib und ich. Sollte das etwa, konnte das etwa? Die Musik näherte sich dem Zenit ihrer Lautstärke; das gesamte Haus begann zu erzittern, bis in die Grundfesten. Es war, das konnten wir jetzt mit Bestimmtheit sagen, ein Musikstück; der weltbekannte *Bolero* von Maurice Ravel. Doch wo kam der verfluchte *Bolero* her, zum Teufel?

Wir schauten aus dem Fenster, begaben uns auf den Balkon; es ließ sich nicht heraushören, wo die Musik ihren Ursprung hatte. Es klang so, als käme der *Bolero* aus dem Inneren der Erde, vom Erdmittelpunkt her, direkt unter unserem Haus.

Unsere Tochter im Alter von zehn Jahren war aufgewacht und kam weinend ins Wohnzimmer.

»Mama, Papa, ich habe geträumt, die Welt geht unter!«

»Ich auch, Schätzchen«, sagte meine Frau zu ihr und nahm sie in den Arm, um sie zu trösten, »aber es ist nichts passiert, du brauchst keine Angst zu haben.«

Mittlerweile waren auch unsere erwachsenen Söhne, aufgeschreckt von dem Krach, zu uns gestoßen. Sie waren sehr verwundert darüber, dass es mitten im Winter ein derart starkes Gewitter gab, ohne Blitze.

»Das ist kein Gewitter, das ist Musik«, klärte ich sie auf, »klassische Musik sogar!«

Meine Söhne schauten mich an, als hätte ich zu tief ins Glas geschaut.

»Nein, nein, glaubt mir, es ist schwer zu erkennen, weil die Musik so laut ist, doch wenn man genau hinhört, kann man die letzte Phase von Ravels *Bolero* erkennen, dieses wiederholte Anschwellen.«

Dieses Anschwellen hatte inzwischen die Lautstärke eines starken Gewitterdonners übertroffen. Es war nicht mehr zum Aushalten. Wir alle in der Familie hatten grundsätzlich nichts gegen Musik, im Allgemeinen, im Gegenteil, unsere Kinder und meine bessere Hälfte spielten selbst verschiedene Instrumente, und mitunter griff auch ich bei sich bietender Gelegenheit zur Laute und schlug in die Saiten, aber einen solchen Lärm, mitten in der Nacht, hätte selbst den größten Musikliebhaber auf die Palme gebracht.

»Das kann doch nicht möglich sein«, rief ich meiner Frau zu, »wo kommt denn dieser Krach her, verdammt noch mal. Ich gehe jetzt durch das ganze Haus und schelle an jeder Tür, bis ich diesen Bolerofan gefunden habe. Der kann was erleben.«

Im gleichen Augenblick setzte die ›Musik‹, dieser ohrenbetäubende Lärm, aus. Totenstille erfüllte das Haus. Da von draußen her ebenfalls keine Geräusche ins Haus drangen, woher auch, um diese Zeit an einem Sonntagmorgen, war die plötzliche Stille fast unheimlich. Wir warteten, die gesamte Familie, in höchster Anspannung, auf den nächsten Donnerschlag.

Doch es blieb ruhig; nur konnten wir, meine Frau und ich, keinen Schlaf mehr finden. Unsere Tochter hatte sich in unser Ehebett gekuschelt; sie wollte nicht mehr allein schlafen, aus Angst vor dem nächsten Erdbeben. Dieses blieb zum Glück aus, für den Rest der Nacht.

Am nächsten Tag versuchten wir, in behutsamer Manier, herauszufinden, aus welchem Bereich, aus welcher Wohnung in unserem Haus die nächtliche Ruhestörung ihren Ursprung hatte. Die ersten Hausnachbarn, die wir am Nachmittag auf ihrem sonntäglichen Spaziergang unweit des Hauses trafen, waren die Senioren, so genannt von uns, weil sie die ältesten Bewohner waren, ein Ehepaar von über achtzig Jahren. Wir wünschten ihnen einen guten Sonntag und fragten beiläufig, ob sie die letzte Nacht gut geschlafen hätten.

»Was sagen Sie?« rief der Senior mit lauter Stimme, »Sie müssen auf die andere Seite kommen, meine rechte Seite, ich höre auf dem linken Ohr nichts mehr. Ja, ja, das Alter, meiner Frau geht's ebenso, nur spiegelverkehrt. Sie ist auf dem rechten Ohr taub.«

Wir wiederholten unsere Frage an den jeweils richtigen Seiten der beiden Alten.

»Geschlafen?« rief die alte Dame uns zu, »Wir schlafen immer gut, trotz unseres Alters.«

Sie hatten beide nichts gehört, von der nächtlichen Musikattacke. Offensichtlich hatten sie die Nacht im Tiefschlaf verbracht, auf ihren nichttauben Ohren liegend.

Erst einige Tage später ergab es sich, dass wir unsere Recherchen fortsetzen konnten. Als meine Frau und ich von einigen Besorgungen nach hause kamen, trafen wir im Treppenhaus auf weitere Hausnachbarn. Sie bewohnten die Wohnung direkt unterhalb der unsrigen, ein Ehepaar, auch beide im vorgerückten Alter, etwa Mitte siebzig. Sie mussten unserer Meinung nach etwas gehört haben, wenn sie die Nacht nicht außerhalb verbracht hatten, es sei denn, sie waren auch halbtaub. Vorsichtig begannen wir mit unseren Fragen.

»Na, wie geht's, wie steht's? Schönes Wetter heute. Was machen Ihre Gehörgänge?« riefen wir ihnen lautstark zu.

Das ältere Ehepaar blickte uns erstaunt an.

»Unsere Gehörgänge? Was schreien Sie denn so? Wir sind doch nicht taub!«

Diese Aussage nahmen wir erfreut zur Kenntnis. Sie waren also nicht taub. Dann mussten sie etwas gehört haben. Wir erkundigten uns beiläufig, wie sie denn das letzte Wochenende verbracht hatten, speziell die Nacht von Samstag auf Sonntag.

»Was die alles wissen wollen von uns, Trude«, sagte der ältere Herr zu seiner Frau, »vielleicht wollen die auch noch wissen, ob und wie wir es getrieben haben. Haha, die jungen Leute, die glauben immer, im Alter hat man keine Freuden mehr, haha.«

Verschämt schauten wir uns an, mein Weib und ich. Mit hochroten Köpfen beeilten wir uns, dieses Missverständnis aufzuklären.

»Um Gottes Willen, uns liegt nichts ferner, als in Ihre Intimsphäre einzudringen, liebe Nachbarn. Wir wollten nur mal hören, so im Allgemeinen, ob Sie in dieser Nacht nicht zufällig wachgeworden sind, von lauten Geräuschen.«

»Letztes Wochenende, sagen Sie? Von Samstag auf Sonntag. Trude, war da was Besonderes?«

Trude bejahte. Unsere Aufmerksamkeit steigerte sich.

»Ja, Egon, weißt du nicht mehr, da waren doch diese atmosphärischen Strömungen, ein leichtes Rumoren, das hören wir doch immer, das hat was mit dem Mondwechsel zu tun«, bekräftigte die ältere Dame, »ja, wissen Sie, daran haben wir uns schon lange gewöhnt. Wir würden sie direkt vermissen, diese Strömungen, wenn es sie nicht mehr gäbe, ungefähr alle vier Wochen, immer bei Vollmond.«

Wir sahen uns entsetzt an, meine bessere Hälfte und ich. Atmosphärische Strömungen! ›Leichtes‹ Rumoren! Alle vier Wochen, immer bei Vollmond, und sie hatten sich schon lange daran gewöhnt! Es war unglaublich. Da stand uns ja einiges bevor. Alle vier Wochen, bei Vollmond, erwartete uns künftig ein Ereignis aus noch unbekannter Quelle; ein Ereignis, welches sie als atmosphärische Strömung bezeichneten, was sich bei uns jedoch als Bolerogewitter entladen hatte. Und diese beiden hatten sich so sehr daran gewöhnt, dass sie wahrscheinlich schon die nächste ›Strömung‹ herbeisehnten!

Wir verzichteten darauf, sie aufzuklären, über das, was wir, unsere ganze Familie in der besagten Nacht empfunden, was uns aus den Betten bis an den Rand des Wahnsinns getrieben hatte, und überließen sie ihren Strömungen. Hier kamen wir nicht weiter, das sahen wir ein.

Wir beschlossen, noch andere Hausnachbarn zu befragen, in aller Vorsicht, bei der nächsten sich bietenden Gelegenheit Diese Gelegenheit bot sich bereits am nächsten Tage, unverhofft. Es klingelte an unserer Wohnungstür. Ein weiterer Hausnachbar stand vor der Tür. Wir baten ihn herein. Er wollte uns einladen, meine bessere Hälfte und mich, zum nächsten Wochenende, auch im Namen seiner Frau; da wir nun schon eine geraume Zeit, einen Monat, wie er meinte, hier wohnten, sei es an der Zeit, im Sinne einer guten Hausgemeinschaft, bei einem gemütlichen Beisammensein, darauf anzustoßen.

Wir nahmen die Einladung dankend an und bestellten liebe Grüße an seine Ehefrau. Bei dieser Gelegenheit, an diesem Abend, so hofften wir, wollten wir durch gezieltes Befragen unserer Gastgeber dem Geheimnis des *Bolero*-Mondfiebers auf die Schliche kommen.

Der Abend stand bevor. Meine Gemahlin und ich, wir hatten uns in festliche Gewänder gehüllt; mit einem Gastgeschenk in Händen und von leichtem Lampenfieber erfasst, klingelten wir an der Tür unserer Hausnachbarn. Die Gastgeber, ein Ehepaar in den mittleren Jahren, nicht viel älter als wir selbst, öffneten und hießen uns willkommen. Sie führten uns in ihre Wohnstube; gemeinsam nahmen wir Platz an einem größeren Tisch. Es wurde Wein und Bier gereicht, mit ein paar Kleinigkeiten zum Naschen garniert; höflich tauschten wir Floskeln und Gemeinplätze aus, wie üblich bei solchen Gelegenheiten sprach man zuerst über das Wetter.

Noch während dieser allgemein gehaltenen Unterhaltung erhob sich der Gastgeber und trat an den Wohnzimmerschrank, in dem sich auf einer herausragenden Ablage eine Stereoanlage befand.

»Ein wenig Musik gefällig, die Herrschaften. Ich hoffe, die Musik wird Sie doch nicht stören, bei der Unterhaltung.«

»Nein, nein, selbstverständlich nicht, wir lieben Musik!«

Er legte eine Schallplatte auf und nahm wieder Platz. Zuerst hörten wir nichts, keinerlei Musik. Dann, sanft, unendlich leise ertönte ein musikalischer Rhythmus, der uns beiden das Blut in den Adern gefrieren ließ. Was da so unendlich leise begann und sich allmählich in der Lautstärke steigerte, war nichts anderes als der *Bolero*.

Wir schauten uns an, mein Weib und ich, mit Grausen; dann blickten wir entsetzt zu den Gastgebern. Wir wagten nicht, zu sprechen. Dafür plauderte der Gastgeber, der unsere Bestürzung offensichtlich nicht wahrgenommen hatte, umso munterer drauflos.

»Wissen Sie, das freut uns außerordentlich, dass Sie sich als Musikliebhaber zu erkennen geben. Auch wir lieben die Musik, allerdings nur die klassische, die ernste Musik, das möchte ich doch herausstellen. Um genau zu sein, ist es eigentlich nur ein und das gleiche Stück, welches wir über die Maßen lieben und verehren, eben das Stück, das wir im Moment hören. Und weil das so ist, haben wir uns darauf beschränkt, nur dieses eine Stück zu hören, nichts anderes.«

Nach dieser längeren Erklärung nahm der Gastgeber einen tiefen Schluck aus seinem Bierglas. Meine Frau blickte ihn verwirrt an und fragte vorsichtig.

»Sie lieben nur dieses eine Musikstück? Sie lieben es so sehr, dass Sie nichts anderes hören mögen, nur dieses eine Stück, immer nur das gleiche Stück?«

»Nur dieses eine Musikstück, in der Tat«, bekräftigten die Gastgeber unisono, »wir können nicht anders.«

»Sehn Sie«, fuhr die Gastgeberin fort, »wir haben weder Fernseher noch Radio, nicht mal eine Tageszeitung, nur diesen Plattenspieler besitzen wir, und eine einzige Schallplatte. Unser musikalisches Empfinden ist ganz auf den *Bolero* ausgerichtet.«

Die Musik schwoll an, in der Lautstärke.

»Mach bitte ein wenig leiser, Schatz, sagte die Dame des Hauses zu ihrem Mann, »wir wollen uns ja noch unterhalten können.«

Schatz gehorchte.

»Wenn wir Gäste haben, dann stellen wir die Musik nicht so laut, das wäre unhöflich, aber so alle vier Wochen, dann gönnen wir uns das Vergnügen, dann lassen wir ihn raus, den *Bolero*, aus seinen Fesseln, und entfesselt genießen wir den Klang, nur wir beide«, mit glänzenden Augen blickte sie ihren Ehemann an, »wir haben ja nichts anderes«, fügte sie seufzend hinzu.

Meine Frau und ich sahen uns an, als befänden wir uns auf einem fremden Planeten. Nun hatte es sich von selbst gelüftet, das Geheimnis, aber wir empfanden keine Erleichterung. Andererseits konnten wir es nicht übers Herz bringen, diesen beiden ihre einzige Freude zu nehmen. In stillem Einverständnis nickten wir uns unmerklich zu, mein Weib und ich, bereit, uns künftig mit einem einmal im Monat entfesselten *Bolero* abzufinden. Es gab ja schließlich Ohrenstöpsel, in der Familienpackung sogar mit Rabatt.

Neulich hatte ich einen erbaulichen Traum. Ich träumte, ich sei Maurice Ravel und hätte den *Bolero* noch nicht komponiert. Das leere Notenblatt vor mir, vernahm ich eine innere Stimme, die mir zuflüsterte:

»Schreib ihn nicht, *den Bolero*, lass es sein!«

Ich legte die Feder aus der Hand, bereit, auf die Komposition *des Boleros* zu verzichten. Jäh wurde ich aus diesem süßen Schlummer gerissen.

Tam-tatata, tatatatatata, tam-tatata...

Honey got nothing

Urlaub in Stresa, am Lago Maggiore. Wir, meine bessere Hälfte und ich, saßen am Frühstückstisch, in unserem feinen Hotel am See; das Hotel trug diesen Namen sogar in französischer Sprache. Wir schauten auf den See, es nieselte. Leichter Septemberregen.

»Was machen wir heute, bei diesem Wetter? Es lädt nicht gerade zum Bade ein.«

»Lass uns doch mit dem Zug nach Domodossola fahren. Es hat dort eine herrliche Altstadt, so sagt man«, schlug ich vor, in leichtem Schwyzerdütsch.

Wir begaben uns aufs Zimmer, machten uns ausgehfein und fuhren mit dem Fahrstuhl hinunter, zur Rezeption. Ein Blick nach draußen nahm uns den Mut. Der leichte Nieselregen hatte sich in eine Flut verwandelt, eine Flut aus den Wolken. Wir baten die freundliche Dame am Empfang, uns einen Schirm auszuleihen; einen großen Schirm für Zwei.

»Damit kann ich leider nicht dienen.«

Ein Witz! Vier Sterne hatte das Hotel, aber keinen Schirm! Was soll's, sagten wir uns, wenn wir hier bleiben, schlagen wir noch Wurzeln. Auf geht's! Wir fassten uns ein Herz und rannten wie zwei Verrückte zum nächsten Kramladen. Hier gab's auch Schirme. Der Verkäufer schaute uns mitleidig an und bemerkte in lupenreinem deutsch:

»Sie kommen aber spät. Normalerweise kauft man einen Schirm, bevor es regnet.«

Ich ballte eine Faust in der nassen Hosentasche; ich wollte dem Verkäufer eine passende Antwort entgegenschleudern, in lupenreinem italienisch. Mein Weib bemerkte mein Vorhaben und bremste mich. Ich knallte das Geld für den Schirm auf die Ladentheke und verließ grußlos, den Schirm unterm Arm, das Geschäft; meine Frau grüßte höflich und folgte mir. Ich nahm den Schirm in beide Hände und bot meinem Weib Schutz; Schutz vor den Fluten von oben.

Wir erreichten keuchend den Bahnhof von Stresa, der auf einer Anhöhe lag. Keuchend und pitschnass! Den letzten Rest unserer Kleidung, der auf dem Weg zum Schirmladen noch nicht von Nässe durchdrungen war, konnte man nun auswringen; der Regen war auch von der Seite gekommen. Vor unseren Augen verließ gerade ein Zug den Bahnhof.

»Das wird unser Zug sein. Der Zug, den wir uns ausgesucht haben.«, knurrte ich, »Wir haben ja immer so ein Pech.«

Es war nicht unser Zug. Unser Zug hatte zwanzig Minuten Verspätung; für italienische Verhältnisse fast überpünktlich.

»Kannst du mir sagen, warum wir so rennen mussten?« fauchte mein Weib.

Ich schwieg erbost. Wir fragten auf dem Bahnsteig einen Reisenden, ob hier der Zug nach Domodossola einfahren würde.

»Si, si, ma e in ritardo!« »Ja, aber er hat Verspätung.«

Das wussten wir bereits. Zwischenzeitlich wurde die Verspätung des Zuges per Lautsprecher bestätigt; außerdem wurde noch einiges andere durchgegeben, was wir nicht verstanden. Endlich rollte der Zug ein. Halbwegs fröhlich stiegen wir ein. Domodossola, wir kommen! Der Zug war gar nicht so voll, na ja, an einem Dienstag. Wir machten es uns in einem leeren Abteil gemütlich. Die Fahrt sollte zwar nur eine knappe halbe Stunde dauern, aber immerhin.

Ein Blick in die deutsche Tageszeitung, die ich vorher noch schnell am Bahnhof ergattern konnte. Ach, sieh mal an, Stoiber und Schröder, immer noch Kopf an Kopf. Anschließend ein Blick aus dem Abteilfenster. In Anbetracht dessen, dass wir in Richtung Schweizer Grenze, in die Alpen, fuhren, müssten die umliegenden Berge eigentlich etwas höher werden. Die umliegenden Berge wurden stattdessen immer niedriger; dafür tauchten jetzt immer mehr Häuser, dann ganze Siedlungen auf. In der Ferne erblickte man Hochhäuser. Sind das die Hochhäuser der bezaubernden Altstadt, dem centro storico von Domodossola? Da kann doch etwas nicht stimmen!

Ich schaute in meinen Panoramaplan, ein Plan vom Lago Maggiore und Umgebung. Fast gleichzeitig sah ich im Vorbeifahren, sozusagen mit einem Auge, aus dem Fenster ein Schild mit dem Namen Legnano. Ich suchte Legnano auf dem Plan, es musste in der Nähe von Domodossola liegen, vom Zeitgefühl her. Ich fand es nicht auf Anhieb. Ich sah etwas genauer hin und fand einen Ort mit diesem Namen. Ganz in der Nähe von Mailand. Wir befanden uns auf dem Anmarsch auf Mailand!

Zuerst wollte ich diese Neuigkeit vor meiner Frau verbergen. Aber nun blickte sie auch aus dem Fenster und sah keine Berge mehr, stattdessen Hochhäuser. Ich begann schüchtern:

»Schatz, ich glaube, wir bewegen uns in die falsche Richtung.«

»Was soll das heißen?« bemerkte sie in scharfem Tonfall.

»Ich glaube, wir fahren gar nicht nach Domodossola.«

»Wie bitte? Wohin fahren wir dann?«

»Wenn mich nicht alles täuscht, sind wir gleich in Mailand.«

»Du machst Witze! Was sollen wir denn in Mailand«, knurrte mein Weib, »dafür bin ich nicht angezogen!«

»Schatz, lass uns jetzt nicht streiten. Wir haben schließlich Urlaub. Danken wir dem Schicksal und diesem Zug hier, dass wir heute in Mailand sind. Dieser Zug hier und das Schicksal haben es so gewollt.«

Meine bessere Hälfte war noch nicht so ganz überzeugt.

»Hast du genug Geld dabei; und die Scheckkarte? Das kostet dich heute was! Schließlich hast *du* den falschen Zug ausgewählt. Es gibt schöne Modeläden in Mailand!«

Den letzten Satz fasste ich als Drohung auf.

»Aber Schatz, wir haben beide den falschen Zug genommen.«

»Nein, du, *du* bist der Mann!«

Gegen diese Logik kam ich nicht an. Verdrießlich durchsuchte ich meine Brieftasche.

Endlich kamen wir in Mailand an, allerdings nicht im Zentralbahnhof, sondern in einem Vorortbahnhof. Doch das war uns nun langsam egal. Es gab Schlimmeres. Wir nahmen die U-Bahn und fuhren ins Herz der Stadt. Am Domplatz angekommen, entschieden wir uns, die weltberühmte Galleria zu meiden und lieber eine Seitenstrasse aufzusuchen, um unser zweites Frühstück einzunehmen. Bei uns hatte sich ein nicht zu ignorierendes Hungergefühl eingestellt. Es war immerhin schon Mittagszeit.

Wir nahmen unsere Zwischenmahlzeit in einem überfüllten, aber gepflegten Bistro ein. Als wir die Rechnung erhielten, stellten wir fest, dass wir für das gleiche Geld in Stresa zwei Mahlzeiten erhalten hätten.

»Ja, meine Herrschaften«, entgegnete der Kellner unserem vorsichtigen Protest, »wir sind hier in Mailand und nicht auf dem Lande. In diesem Lokal hat schon die Callas gespeist, hat sogar Caruso gesungen!«

›Vielleicht hat er seine Rechnung hier abgesungen‹, dachte ich mir. Doch in der Tat, an den Wänden des Lokals hingen tatsächlich die Konterfeis von Caruso, von der Callas und anderen Operngrößen.

»Dafür, dass die alle mal hier gesungen haben, kann ich mir jetzt auch nichts kaufen«, maulte meine bessere Hälfte. *Kaufen* war das richtige Stichwort! Wir bummelten bis zur Galleria und entschieden dann über das weitere Vorgehen.

»Ich gehe jetzt in das Kaufhaus, direkt am Dom, und du bleibst hier und schaust dir die Buchläden an«, bestimmte mein Weib, »in zwei Stunden treffen wir uns hier wieder.«

Ich war es schon seit langer Zeit gewohnt, dass meine bessere Hälfte über meine Freizeit bestimmte und so war ich glücklich. Ich hatte Prokura zum Bücherkauf erhalten. Für zwei Stunden stürzte ich mich in die Bücherwelt, bereit, mich mit einem Jahresvorrat an italienischer Literatur einzudecken. Innerhalb kurzer Zeit hatte ich zwei Einkaufskörbe mit Büchern zusammengestellt; frohgemut bewegte ich mich zur Kasse. Doch hier traf mich der Schreck der Ernüchterung, nach meinem Kaufrausch. Ich trug weder Scheckkarte noch Bares bei mir! Dieses hatte ich meinem Weibe für ihren Großkauf überlassen. Also zurück mit den Büchern in die Regale. Es gab ja in Stresa noch einen Buchladen.

Zum vereinbarten Zeitpunkt trafen wir uns in der Galleria. Erstaunlich! Sie trug außer ihrer Handtasche nichts mit sich. Ich frohlockte innerlich. Wurde der Tag doch nicht so teuer!

»Du, Schatz«, sagte meine bessere Hälfte, »wir müssen noch einmal zusammen in das Kaufhaus. Ich habe mir da eine Kleinigkeit zurücklegen lassen. Ich brauche deinen Rat.«

›Und mein Geld‹, dachte ich, wieder auf den Boden der Tatsachen zurückgeworfen. Wenn eine Frau die Anrede mit Schatz beginnt, hat sie immer Absichten, oft sind es Kaufabsichten. Alle Frauen dieser Welt sind so! Von dunkler Ahnung getrieben, folgte ich meinem Weib in das Kaufhaus. Als wir das Haus nach ungefähr zwei weiteren Stunden verließen, hatte ich keine Hand mehr frei, dafür jedoch acht Einkaufstüten zu tragen!

Dagegen war meine Brieftasche spürbar leichter geworden. Wir schlenderten zurück zur Galleria, dann durch diese hindurch, geradezu auf das Heiligtum zu. Eine böse Überraschung! Vor dem heiligen Gebäude stand ein Baugerüst. Der Tempel selbst sowie das angrenzende Museum waren geschlossen! Der Musentempel, die Stätte des Belcanto, die Mailänder Scala wurde umgebaut. Stattdessen mussten wir uns mit einem auf dem Vorplatz zur Schau gestellten Modell zufrieden geben. Einfach schade!

Wir traten den Heimweg an, den Heimweg nach Stresa; diesmal zurück über den Zentralbahnhof mit seiner vorabendlichen Hektik. Wir erwischten diesmal auf Anhieb den richtigen Zug. Ermattet sanken wir ins Abteil.

Eine Stunde Ruhe lag vor uns. Die Augenlider wurden schwer. Na ja, ein kleines Nickerchen kann nicht schaden; vor jeder Haltestelle wurden wir schließlich lautstark und deutlich durch die Lautsprecheranlage des Zuges geweckt, und das in vier Sprachen!

Der Zug hielt an einem Bahnhof an. Wir erwachten und schauten durchs Fenster. Wo sind wir hier? Wir konnten es nicht genau erkennen, weil die Zugfenster sich nicht öffnen ließen. Sch...- Klimaanlage! Der Bahnhof kam uns irgendwie bekannt vor. Konnte das hier schon Stresa sein? Wir rafften hastig unsere zahlreichen Tüten und Taschen zusammen und rannten zur nächsten Ausstiegstür, unmittelbar vor dem Speisewagen. Der Zug rollte langsam an.

»War das hier Stresa?« fragten wir verzweifelt die weibliche Bedienung im Speisewagen.

»Si, si, Stresa.«

»Das kann doch wohl nicht wahr sein! Wo war denn die Lautsprecherdurchsage? Wir haben keine Durchsage gehört!« überfiel ich das Mädchen in aufgeregtem italienisch.

»Der Lautsprecher funktioniert nicht mehr, non funziona piu.«

»Per bacco, non é possibile!"

Bei diesem ganzen Geschrei bemerkten wir erst jetzt, dass ein älteres Paar, etwas älter als meine bessere Hälfte und ich, auf die inzwischen herbeigeeilte Zugchefin wild gestikulierend und lautstark einredeten, in englischer Sprache.

»That was Stresa? Damned!« stöhnte der Mann mit gequältem Gesichtsausdruck. Offensichtlich hatten auch andere mit dem richtigen Ausstieg in Stresa Probleme.

Wir sprachen mittlerweile alle vier aufgeregt in mehreren Sprachen auf die verängstigte Zugchefin ein. Die arme Frau wies immer nur auf die nicht funktionstüchtige Lautsprecheranlage hin; in englisch, deutsch und italienisch. Es war uns nun auch schon egal. Meine bessere Hälfte und ich kramten mühsam unsere fast vergessenen Englischschulkenntnisse hervor und sprachen die beiden fremden Reisenden an. Es war, wie sich herausstellte, ein Ehepaar aus den USA, aus Kentucky; sie machten auch Urlaub in Stresa.

Wir erkundigten uns bei der Zugchefin nach dem nächstmöglichen Halt des Zuges.

Domodossola!

Da wollten wir auch eigentlich hin, aber am Morgen. Irgendwie war das alles jetzt für uns nicht mehr nachvollziehbar. Wir vier Leidensgenossen, das amerikanische Ehepaar, meine Frau und ich, hatten zwischenzeitlich im Speisewagen Platz genommen; demonstrativ, in wartender misstrauischer Haltung, ohne etwas zu bestellen. Wir schauten aus dem Fenster. Die hohen Berge, die wir am Vormittag vermisst hatten, kamen näher. Endlich hielt der Zug an.

Domodossola! Grenzstation zur Schweiz! Wir sammelten wiederum Tüten und Taschen zusammen; unsere amerikanischen Freunde taten ein Gleiches. Gemeinsam verließen wir den Zug. Wir stellten unsere Sachen auf dem Bahnsteig ab und warteten auf den nächsten Zug zurück, in Richtung Mailand, über Stresa!

Erst jetzt bemerkten unsere Ehehälften an Hand der Einkaufstüten, dass sie in Mailand im gleichen Kaufhaus eingekauft hatten. Sie begannen, in den Tüten herumzuwühlen und sich gegenseitig ihre Einkaufsergebnisse vorzuweisen.

»Oh, a pretty shirt! A very nice pullover! Oh, lovely!"

Ich schaute zu dem Ehemann der Amerikanerin herüber, er sah mich an, als erwartete er meinen Blick.

»We got nothing!« sagte er trocken. Wir haben nichts gekriegt! Er hatte es auf den Punkt gebracht, der Mann.

Inzwischen hatte seine Frau meiner besseren Hälfte erklärt, dass sie bereits Großmutter sei, Grandmother von Zwillingen! Twins! Noch ganz klein, die Kinder. Ein Pärchen. Sweet little children! Wir wollten dem nicht nachstehen und rückten mit unseren Zwillingssöhnen heraus. So groß! Und schon so alt! Twentyeight years!

»Look, honey, they've got twins, too!« sagte die amerikanische Großmutter zu ihrem Mann. Honey schaute nur kurz auf und nickte uns zu.

Der Zug nach Mailand mit Halt in Stresa traf endlich ein. Wir setzten uns gemeinsam in ein leeres Abteil und warteten auf die Abfahrt des Zuges. Wir warteten. Plötzlich wurde die Abteiltür geöffnet; ein italienischer Grenzbeamter schaute herein.

»Passaporti, per favore!«

Honey und seine Frau schauten den Mann angstvoll an.

»We've got no passports. Why must we have passports? «

Der Mann hatte ja Recht. Doch wie sollte man einem Amerikaner, der die Weite des amerikanischen Kontinents gewohnt war, erklären, dass man hier in Europa an jeder Ecke einen Pass brauchte? Ich machte dem Grenzer klar, dass wir nicht aus der Schweiz eingereist waren, sondern von Mailand kamen. Wir hatten nur vergessen, in Stresa auszusteigen. Der Zöllner gab sich mit dieser Erklärung zu meinem Erstaunen zufrieden.

Endlich fuhr der Zug los. Die übernächste Station war Stresa, vorher kam nur Pallanza, hatte man uns erklärt. Doch plötzlich hielt der Zug auf freier Strecke an.

»What's that! Impossible!«

Honey drohte zum Hannibal zu werden. Hannibal ante portas Stresa! Endlich fuhr der Zug weiter. Honey trat mit seiner Frau auf den Gang, gemeinsam schauten sie aus dem Fenster. Es war dunkel geworden.

»Hast du gehört?« sagte meine bessere Hälfte leise zu mir. »Die Frau sagt honey zu ihrem Mann, obwohl er schon Großvater ist. Soll ich auch honey zu dir sagen?«

»Wenn wir diesen Tag heil überstanden haben, kannst du auch honey zu mir sagen, von mir aus ein Leben lang!«

Letztendlich erreichten wir Stresa, unseren Ausgangs- und Zielbahnhof. Gemeinsam nahmen wir ein Taxi zum Zentrum. Unsere Hotels lagen nicht weit auseinander. Schade, dass Honey mit seiner Frau schon am nächsten Morgen sehr früh mit dem Taxi nach Mailand, zum Flughafen, aufbrechen musste. Von dort ging es mit dem Flieger weiter nach New York, und schließlich weiter nach Kentucky. Eine weite Reise.

Ich hätte gern noch ein Bier mit Honey getrunken nach solch einem vermaledeiten Tag. Wir Männer hätten das verdient gehabt, denn: we got nothing!

Jedes mal, wenn ich mich mit meiner besseren Hälfte auf einer Bahnreise befinde, fragt sie lächelnd:
»Honey, sind wir im richtigen Zug?«

Grabstättentourismus

Vor einigen Tagen war ich Zeuge eines Telefonats, das meine bessere Hälfte mit unseren Kindern führte. Diese befanden sich in Berlin; die kleine Schwester unter der Obhut der Brüder, gemeinsam in der neuen Hauptstadt auf Besichtigungstour. Unsere Söhne hatten als angehende Philosophen auch ein Interesse daran, den sterblichen Überresten eines ihrer großen Vorbilder, des Philosophen Friedrich Hegel die Ehre zu erweisen; und so suchten sie seine Grabstätte auf.

Von diesem Besuch waren sie just an dem Tage zurückgekehrt, als sie das erwähnte Telefonat mit meiner Frau führten. Von den Wetterbedingungen her hatten sie sich nicht gerade den besten Tag dafür ausgesucht. Es regnete heftig. Als sie dieses meiner besseren Hälfte mitteilten, sagte sie nur zustimmend:

»Ja, wenn man auf den Friedhof geht, dann muss es regnen.«

Ich war von dieser Art Forderung mehr als überrascht. Mein Weib schafft es doch immer wieder, mich in Erstaunen zu versetzen! Ich versuchte, mich ernsthaft mit ihrer Bemerkung auseinander zu setzen. Warum musste es auf dem Friedhof regnen? Ist Sonnenschein hier nicht angebracht? Stört die Helligkeit die Ruhe der Verblichenen? Oder gehört der Regen grundsätzlich zur Stimmung auf einem Friedhof?

»Warum muss es auf dem Friedhof regnen?« fragte ich meine bessere Hälfte in aller Vorsicht.

»Das passt einfach besser dazu. Man feiert die Toten Gedenktage ja schließlich im November und nicht im Juli.«

Ich verzichtete darauf, ihr zu mitzuteilen, dass es auch schon einige strahlende Sonnentage im November gegeben hatte; und im Juli Regen. Das hätte ohnehin nur spitze Bemerkungen nach sich gezogen.

Eines muss an dieser Stelle gesagt werden: Bei dieser Einlassung ist nicht der Friedhofsbesuch gemeint, der von Trauer und Emotionen begleitet wird. Es handelt sich hierbei vielmehr um eine andere Art des Friedhofbesuches:

Den sogenannten Grabstättentourismus.

Mein etwas älterer Bruder ist ein Mann der Kultur schlechthin; und darüber hinaus mit einem lexikalischen Wissen ausgestattet. Er kennt alle relevanten Daten, und nicht nur diese, aller Geistesgrößen, quasi im Schlaf. Er kennt zum Beispiel alle Fieberkurvendaten von Heinrich Heines Matratzengruftzeit, er weiß, wann Gioacchino Rossini welche Kinderkrankheiten hatte und wie sie behandelt wurden, er hat Kenntnis darüber, welche Schädeldecken von welchen Geistesgrößen postum geöffnet wurden, kurzum über alle Wehwehchen dieser Zeitgenossen, zu Lebzeiten und darüber hinaus ist er bestens informiert.

Zu diesem Wissen gesellt sich eine, man könnte fast behaupten, Art Friedhofsmanie. Er besitzt Datenträger von allen wichtigen Friedhöfen dieser Welt, mit allen dazugehörigen Details über die verblichenen Kulturgrößen. Diese Manie beginnt nun sogar, sich über weitere Generationen hinweg fortzusetzen.

.

Wenn meine bessere Hälfte und ich eine Reise in ferne Länder beabsichtigen und den Fehler begehen, dieses vorab meinem Bruder mitzuteilen, dann müssen wir darauf gefasst sein, mit einer längeren Liste von Grabstätten Verblichener aus allen möglichen Kulturepochen konfrontiert zu werden. Ein jedes mal ringt er uns das Versprechen ab, diese Stätten aufzusuchen!

Durch Forderungen dieser Art wird unser gesamtes Reiseprogramm bereits im Vorfeld gehörig durcheinander gewirbelt. So hatte er uns unlängst, als wir ihn unvorsichtigerweise sehr frühzeitig von einer beabsichtigten Parisreise in Kenntnis setzten, eine vierseitige Aufstellung von all den aufzusuchenden Personen resp. deren sterblicher Überreste zukommen lassen, mit dem Zusatz, der wie eine Drohung klang:

»Da müsst ihr überall hin!«

Bei diesem Programm hätten wir weder Louvre, Eiffelturm, Champs Elysee noch andere Nebensächlichkeiten zu Gesicht bekommen. Aus diesem Grunde besorgten wir uns schnell alle notwendigen Informationen, wie Friedhofspläne, Fotographien von Grabsteinen etc., um für etwaige unangenehmen Nachfragen gewappnet zu sein und ließen die Toten ruhen.

Ein anderes Mal waren wir praktisch genötigt, uns in Catania auf Sizilien bei siedendheißen Temperaturen auf die Suche nach der letzten Ruhestätte von Vincenzo Bellini, dem großen Meister des Bel Canto zu begeben. Diese Grabstätte befand sich nicht auf einem Friedhof an einem schattigen Plätzchen, sondern in einer Kirche. Das allein wäre nicht einmal von Nachteil gewesen, denn in Kirchen gibt es bekannterweise kühle Stellen. Doch der Tempel war wegen Mittagsruhe für drei Stunden geschlossen; wir standen solange davor, bei vierzig Grad im Schatten!

Denn wenn wir, wie es bei den ersten Reisen schon einmal geschehen war, es versäumt hätten, diese Grabstätten aufzusuchen oder keine hieb- und stichfesten Nachweise für unsere Besuche hätten erbringen können, dann wären die Folgen unter Umständen fatal ausgefallen. Die geringste aller Strafandrohungen war dann noch immer:

»Da müsst ihr noch einmal hin!«

Die Krönung dieser ganzen Manie erfuhren wir in Mailand, als wir auf Geheiß meines Bruders die Grabstätte Giuseppe Verdis und seiner Familie in der casa di riposo aufsuchten. Mein Bruder hatte uns diese Stätte bis ins kleinste Detail erklärt und den kompletten Innenraum des Mausoleums beschrieben, nebst maßstabsgetreuen Zeichnungen. Wir hätten eigentlich gar nicht mehr hinfahren müssen, so genau waren wir im Bilde. Auf ein äußerst wichtiges Detail hatte er uns noch zusätzlich eingehend hingewiesen.

»Wenn ihr in dem Tempel steht, in diesem heiligen Raum, dann befindet sich Vorderhand eine halb hohe Mauer und zur rechten sowie zur linken führen zwei kleine dreistufige Treppen nach unten, zu den eigentlichen Grabstätten. Diese Treppen sind mit kleinen Ketten abgesichert, um den Zugang nach unten zu verhindern.

Doch es wird für euch ein leichtes sein, über diese Ketten zu steigen und nach unten zu gelangen. Dort unten habt ihr dann die Möglichkeit, einmal hinter die halb hohe Mauer zu schauen. Was ihr dort vorfindet, wird euch den Atem verschlagen.

Na, ja, versucht es einmal, anschließend könnt ihr ja berichten...«

Mit diesem Spezialauftrag im Gepäck kamen wir eines Vormittags in Mailand an. Bereits am Nachmittag machten wir uns auf den Weg, den Auftrag auszuführen. Außerdem trieb uns die Neugier. Wir nahmen die U-Bahn zur Piazza Buonarroti und standen vor der casa di riposo, des Gebäudes, das Verdi zu Lebzeiten hatte erbauen lassen, als Haus des Ruhens für weniger bemittelte Künstler. Hier ruhte er nun selber mit seiner Familie.

Wir traten in das Gebäude, durchschritten dieses, begleitet von Klängen verschiedenster Instrumente, die aus den einzelnen Räumen hallten, um zum Mausoleum, auch Oratorium genannt, im Innenhof, zu gelangen. Das Mausoleum war leer, gottlob, als wir es betraten.

Wir fanden alles tatsächlich so vor, wie es mein Bruder beschrieben hatte. Die kleinen Treppen waren auch da, zur rechten und zur linken; die Zugänge nach unten abgesichert mit Ketten. Sollen wir oder sollen wir nicht, war für uns jetzt die Frage wie Sein oder Nichtsein. Ich blickte meinem Weib tief in die Augen und nickte ihr zu.

Es musste sein! Meine Frau überstieg leichten Fußes die Kette vor der einen Treppe, ich tat ein gleiches auf der anderen Seite; drei Stufen noch hinab: Wir befanden uns nun unmittelbar vor den Grabsteinplatten von Giuseppe und Giuseppina! In diesem Moment öffnete sich die Tür zum Mausoleum.

Zwei Frauen und zwei Männer mittleren Alters, offenbar zwei Paare, betraten die Grabstätte. Als die beiden Frauen uns von oben herab erblickten, unmittelbar vor den heiligen Grabplatten, fingen sie an, lautstark zu schreien!

»Al ladro! Polizia!«   »Diebe! Polizei!«

Offensichtlich wurden wir für Grabräuber gehalten. Die beiden Männer bauten sich derweil vor den Treppen auf; an Flucht war nicht mehr zu denken. Derweilen setzten die Frauen das Geschrei fort.

Meine bessere Hälfte und ich, wir sahen uns entsetzt an. Was nun? Was tun? Da standen wir hier in unmittelbarer Nähe der sterblichen Überreste eines der größten Opernkomponisten der Welt; und mit einem Bein standen wir gleichzeitig im Gefängnis.

In allergrößter Not kam uns plötzlich beiden, unisono, wie von einem Blitz getroffen, eine Idee. Die vielleicht rettende Idee! Wir begannen leise, ganz leise, die Arie des Gefangenchores aus Nabucco zu intonieren und schauten uns dabei weiterhin an. Diese Arie war sicherlich treffend gewählt, denn Gefangene waren wir ja schließlich im Moment auch.

Verdutzt blickten uns die vier Personen von oben her an. In einem langsamen crescendo wurden unsere Stimmen nach und nach lauter. Und nun geschah etwas, was wir nicht für möglich gehalten hätten: Langsam setzten die vier mit ein in den Gesang, einer nach dem anderen, bis sich unser Gesang zu sechst vereinigte und immer mehr anschwoll.

Wir sangen, bis die Polizei eintraf. Die Polizei bestand aus zwei jungen Beamten. Als diese uns zu sechst in der Grabstätte Verdis erblickten und singen hörten, machte sie zuerst den Eindruck, als wollten sie Verstärkung holen. Verstärkung mit Zwangsjacken!

Doch zu unserer großen Verblüffung stiegen auch sie nach kurzem Zögern in die Arie ein. Nun sangen wir bereits in Chorstärke! Nachdem die letzten Töne dieses gewaltigen Werkes, das ja bekanntlich als die heimliche Nationalhymne Italiens gilt, verklungen waren, umarmten uns die beiden italienischen Paare und entschuldigten sich, teils unter Tränen, dass sie uns dermaßen schäbige Absichten unterstellt hätten.

Sie luden uns spontan zum Essen ein, zu einer Polenta. Ich sagte leise zu meinem Weib, dass ich keinerlei Appetit auf eine Polenta hätte; mir reichte schon hier die Polente! Nun war es an uns, sich mit Hinweis auf unser umfangreiches Besichtigungsprogramm zu entschuldigen, dass wir der Einladung leider nicht folgen konnten. Dafür hatten alle Verständnis; gemeinsam mit den Polizeibeamten verließen wir das Mausoleum.

Vor der casa di riposo verabschiedeten wir uns voneinander und brachen gemeinsam in ein dreifaches Viva Verdi aus. Einer der Polizisten hatte Tränen in den Augen.

Nachdem wir wieder einigermaßen zur Ruhe gekommen waren, stellten wir fest, dass wir in dem ganzen Durcheinander den eigentlichen Zweck, zu erfahren, was sich hinter der Mauer in der Grabkammer verbarg, nicht erreicht hatten.

Zuhause in Deutschland erstatteten wir meinem Bruder Bericht. Zum Abschluss fragten wir ihn, was es mit der Überraschung in der Grabstätte eigentlich auf sich habe.

»Ach wisst ihr, hinter dieser Mauer ist eine kleine Plakette angebracht, mit dem Bildnis von Theresa

Stolz; man vermutet, sie sei Verdis heimliche Liebe gewesen.«

Meine bessere Hälfte und ich, wir waren sprachlos! Für diese ›Überraschung‹ diese kleine Plakette, wären wir fast in italienischen Gefängnissen gelandet!

Wenn wir uns beide, mein Bruder und ich, in hoffentlich noch sehr fernen Tagen, einmal in den ewigen Jagdgründen befinden, dann habe ich endlich Ruhe! Dann kann er mich nicht mehr über Friedhöfe jagen!

Der Gentest

Die fünfzehnjährige Tochter kam leicht aufgeregt von der Schule nach hause. Sie traf ihren Vater an; die Mutter musste jeden Moment von den Besorgungen für das leibliche Wohl ihrer Familie zurückkehren.

»Papa, kannst du mir sagen, welche Blutgruppe du hast?«

»Blutgruppe? Meine Blutgruppe? Warum willst du das denn wissen?«

»Ja, weißt du, wir nehmen in der Schule gerade die Vererbungslehre nach den Mendelschen Gesetzen durch. Wenn ich zum Beispiel deine Blutgruppe nehme, kann ich sie mit meiner, die ich aus meinem Impfausweis kenne, vergleichen; und so kann ich feststellen, ob du mein wirklicher Vater bist, ich meine, mein biologischer Vater.«

Der Vater fiel aus allen Wolken.

»Wie bitte? Dein wirklicher Vater? Wie kommst du denn darauf? Wer hat euch denn solch einen Schwachsinn erzählt?«

»Ich meine ja nur«, kicherte die Tochter, »rein hypothetisch könnte es ja sein, dass du nicht mein Vater bist. Und das lässt sich mit dem Vergleich unserer beiden Blutgruppen feststellen.«

»Verdammt noch mal«, erhitzte sich der Vater, »was soll denn dieser Quatsch, wieso glaubst du mir nicht, dass ich dein Vater bin? Außerdem kannst du ja die Mama fragen, die war schließlich dabei und muss es wissen!«

»Papa, was regst du dich denn so auf, ich möchte doch nur deine Blutgruppe wissen; nicht aus Misstrauen, sondern nur zum Vergleich.«

»Na gut«, seufzte der geplagte Vater, »meinetwegen. Meine Blutgruppe? Moment mal. Ach ja, Null negativ. Jawohl. Das weiß ich genau, aus dem Gedächtnis, weil diese Blutgruppe relativ selten vorkommt. Nun aber Schluss mit dem Unsinn. Gleich kommt Mama nach hause. Wenn sie uns so reden hört, wird sie denken, wir hätten den Verstand verloren!«

Am Nachmittag warf der Vater einen Blick in das Zimmer seiner Tochter. Sie machte ihre Hausaufgaben für die Schule, eifriger als sonst, wie ihm schien.

»Na, Kind, hast du nun festgestellt, ob ich dein Vater bin?«

»Ja, Papa, ich habe unsere Blutgruppen verglichen und mathematisch hochgerechnet, und danach sieht es in der Tat so aus, als ob du wirklich mein Vater bist.«

»Es sieht so aus!« erwiderte der Vater perplex, »Was heißt das nun schon wieder? Bin ich jetzt dein Vater oder nicht?«

»Ja, Papa, das soll heißen, dass du mit hoher Wahrscheinlichkeit mein Vater bist. Mehr kann ich aus den Berechnungen leider nicht ableiten.«

»Mit hoher Wahrscheinlichkeit?« stammelte der Vater, »Aber Kind, ich bin dein Papa, und das nicht nur mit hoher Wahrscheinlichkeit, sondern hundertprozentig!«

»Ja, Papa, das glaube ich dir ja. Nur, eben, meine Berechnungen lassen keine genaueren Schlüsse zu. Aber trotzdem, Papa, ich hab dich auch so lieb.«

Der Vater verließ das Zimmer der Tochter, mit weichen Knien und feuchten Augen. Seiner Frau gegenüber erwähnte er nichts von diesem Gespräch mit ›seiner‹ Tochter.

Mitten in der folgenden Nacht schreckte der Vater auf, schweißgebadet, aus einem furchtbaren Traum. Er konnte sich nicht mehr ganz genau erinnern an diesen Traum, aber er hörte noch die grausamen Worte, von hässlichen unmenschlichen Stimmen herausgeschleudert, wie aus einem fernen Nebel drangen sie an sein Ohr.

»Mit hoher Wahrscheinlichkeit bist du der Vater einer Tochter, aber sicher bist du nicht, und du wirst es niemals sein!«

Seine Frau, die Mutter seiner Tochter, lag in tiefem Schlaf an seiner Seite; er hörte ihre regelmäßigen Atemzüge.

»Sie hat keine solchen Sorgen und Ängste, wie ich«, dachte er verzweifelt, »sie weiß es genau, hundertprozentig. Ob ich sie morgen frage, zur Rede stelle?«

Er verwarf diesen Gedanken sofort.

»Wenn ich sie das frage, wenn ich ihr mit diesem Misstrauen, dieser Unterstellung komme, bin ich übermorgen ein geschiedener Mann! Nein, es muss andere Wege geben.«

Schlaflos wälzte er sich im Bett, von einer Seite zur anderen, für den Rest der Nacht.

Am nächsten Morgen, nach dieser qualvollen Nacht, durchzuckte ihn ein Geistesblitz.

»Es muss doch möglich sein«, dachte er, »mit der heutigen medizinischen Technik, mit den Möglichkeiten dieser modernen Zeit, ohne großen Aufwand und ohne dass es meine Tochter und vor allem meine Frau merken, festzustellen, ob ich tatsächlich der Vater meines Kindes bin. Man sieht doch so etwas täglich im Fernsehen.«

Mit kalter Entschlossenheit begab er sich ins Bad und schloss sich dort ein. Wo war noch die Haarbürste seiner Tochter? Vorsichtig entfernte er ein Haar aus der Bürste, steckte es in ein Papiertuch und faltete das Tuch zusammen. Anschließend ritzte er sich mit der Rasierklinge einen kleinen Schnitt in den Daumen und fing einen Tropfen Blut auf, in einer kleinen Plastikdose. Er wollte wieder ruhig schlafen können und daher hatte er die Absicht, einen Gentest machen zu lassen, mit diesem Haar und mit diesem Blut, um zu erfahren, ob seine Tochter von seinem Blute stammt.

Durch einen befreundeten Arzt, der es sich verkniff, weitere Fragen zu stellen, erhielt er problemlos den Zugang zu dieser Untersuchung.

»Das kostet ein wenig«, sagte der Freund, »und es dauert ungefähr eine Woche.«

»Das macht nichts. In diesem Falle scheue ich weder Kosten noch Mühen.«

Der befreundete Arzt schmunzelte verständnisvoll.

Diese Woche erschien ihm als die längste seines Lebens. In der Familie hingegen, bei Frau und Tochter, verlief das Leben wie immer, in normalen Bahnen. Die Tochter hatte die Episode mit der Vererbungslehre bereits vergessen und beschäftigte sich mit anderen Dingen.

Der Tag der Entscheidung, der Gewissheit, war gekommen. Der Freund begrüßte ihn mit ernstem Gesicht.

»Die Proben, die du mir zur Verfügung gestellt hast, lassen eindeutig den Schluss zu, ohne Zweifel, dass sie von zwei verschiedenen Menschen stammen, von zwei Menschen, die keinerlei familiäre Bande haben.«

Der Vater war einer Ohnmacht nahe.

»Es gibt absolut keine Zweifel?« hauchte er mit ersterbender Stimme, »Irrtum ausgeschlossen?«

»Irrtum ausgeschlossen«, bestätigte der Arzt, sein Freund, und verschrieb ihm ein sehr starkes Beruhigungsmittel.

Zuhause angekommen, mit unsäglicher Mühe, versuchte er, so gut es ging, seinen Gemütszustand, seine maßlose Verwirrung und Enttäuschung, vor Frau und Tochter zu verbergen. Schnell jedoch bemerkte seine Frau, dass ihn etwas Furchtbares quälte; ihr war auch nicht entgangen, dass ihm schon die ganze letzte Woche etwas Außergewöhnliches zu schaffen machte. Sie wollte ihn jedoch nicht drängen, sonder warten, bis er sich selbst öffnete oder sich eine Gelegenheit zum klärenden Gespräch ergäbe.

Nach längerem Zögern endlich offenbarte sich der Mann seiner Frau und teilte ihr alles mit, von Beginn an, von seinem ersten Verdacht bis hin zum niederschmetternden Ergebnis des Testes. Seine Frau schaute ihn während dieser Beichte zuerst verwundert, dann höchst amüsiert an; zuletzt lachte sie schallend.

»Du Dummerchen«, sagte sie, »komm einmal mit ins Bad!«

Ihr Mann wusste nicht, was er davon halten sollte, und er folgte ihr widerstrebend.

»Von welcher Bürste hast du die Probe genommen, deine Haarprobe, deinen Beweis?«

Er zeigte verwirrt auf die kleine, silberne Bürste auf der Spiegelablage.

»Das ist *meine* Haarbürste, nicht die unserer Tochter«, lachte sie unter Tränen, »es war ursprünglich ihre Bürste, doch wir haben vor einem halben Jahr getauscht, weil sie meine Haarbürste schöner fand und unbedingt haben wollte. Bist du nun endlich überzeugt?«

Seit dieser Zeit vermied es der Vater, diese Haarbürste auch nur anzusehen und mit den Mendelschen Gesetzen durfte ihm keiner mehr kommen.

Malaysia

Unlängst las ich in unserer altvertrauten Fernsehzeitung eine Werbung, die mich stutzig machte. Es handelte sich um Fernsprachkurse. Eine ganzseitige Anzeige richtete sich an potenzielle Sprachliebhaber mit der Frage, die mehr einer Aufforderung ähnelte: Wollen Sie eine der hier aufgeführten Fremdsprachen in kurzer Zeit, in einem halben Jahr schon, frei sprechen? Es folgte eine Auflistung von einem guten Dutzend fremder Sprachen, englisch war darunter, natürlich, französisch, auch spanisch und italienisch; aber darüber hinaus gab es auch Kurse in ausgesprochen exotischen Sprachen.

Eine davon stach mir am meisten ins Auge: malaysisch! Wollen Sie in einem halben Jahr malaysisch frei sprechen? Ich stellte mir die Frage, wer sich als Leser dieser Zeitschrift angesprochen fühlen könnte, eine derartige Sprache zu lernen; ich war es bestimmt nicht.

Dennoch fühlte ich mich eigenartigerweise ausgesprochen angezogen von dieser Werbung. Auf der Zeitungsseite war neben dem Werbetext das Konterfei eines Mannes, eines klugen Kopfes, abgebildet; des Mannes, der diese kühne Prognose aufstellte. Ob dieser kluge Mensch alle diese aufgezeigten Sprachen frei beherrschte, und wenn ja, welche Zeit hat er dafür gebraucht? Ich rechnete hoch: Ein halbes Jahr für jede dieser Sprachen, das macht ungefähr sechseinhalb Jahre.

In meiner Phantasie sah ich ihn vor mir, wie er den ganzen Tag über von einer Sprache in die andere schlüpfte, in freier Rede. Ich sprach mit meinem Weib über diese Zeitungsannonce.

Sie las aufmerksam den Werbetext und kam zu dem überraschenden Urteil:

»So, wie der Knabe hier aussieht, trau ich dem nicht einmal zu, dass er außer englisch eine weitere Fremdsprache spricht. Kannst du dir vorstellen, dass dieser Mann malaysisch spricht?«

Ich konnte es nicht.

Auf der anderen Seite fragte ich mich, warum er dieses auch können müsse. Er lebte davon, diese Sprachen zu verkaufen, nicht zu sprechen. Meine bessere Hälfte setzte nach.

»Aber du, bei dir könnte ich es mir vorstellen!«

Ich war mir nicht ganz sicher, was sie damit meinte und erkundigte mich vorsichtig.

»Was kannst du dir bei mir vorstellen?«

»Ja, dass du in einem halben Jahr malaysisch sprichst.«

»Warum sollte ich so etwas tun wollen?« gab ich irritiert zurück.

Mein Weib ist hinreichend bekannt dafür, dass sie ihre Umgebung und besonders mich immer wieder einmal mit Gedankengängen und Tagesweisheiten überrascht, auf die selbst der erfindungsreichste Drehbuchautor nicht käme; dieser Vorschlag war eine dieser glorreichen Ideen.

»Naja, zum Spaß eben«, entgegnete sie, »zur Selbstbestätigung, zur Anregung des Geistes, wie auch immer, nimm es, wie du willst!«

Ich zierte mich noch und tat entsprechende Einwände kund, aber prompt folgte die nächste verbale Keule.

»Du hast sowieso nichts zu tun, neben deinem Job, du hast viel zuviel Freizeit; außerdem hast du keine Hobbys und hilfst nicht einmal im Haushalt. Also, mach was, melde dich bei diesem Kurs an!«

Ihre Argumente waren entwaffnend, wenn man von dem vereinzelten Gitarreklimpern als Hobby absah. Ich begann, mich mit dem Gedanken anzufreunden, die malaysische Sprache zu erlernen. Um mir einen letzten Anreiz zu geben, steckte mein Weib die Peitsche weg und hielt mir das Zuckerbrot entgegen.

»Stell dir mal vor, Schatz«, schnurrte sie wie ein Kätzchen, »du sprichst malaysisch. Dann laden wir alle unsere Freunde ein und du hältst einen Vortrag, eine Tischrede, in dieser schönen Sprache. Unsere Freunde werden vor Hochachtung erblassen.«

Ich fühlte mich geschmeichelt. Sie hatte es geschafft und mich überzeugt. In Gedanken sah ich sie vor mir sitzen, unsere Freunde, beim gemeinsamen Mahle, und ich hielt eine malaysische Tischrede.

Ich schrieb mich in den Fernsprachkurs ein. Das Erlernen dieser außergewöhnlichen Sprache war nicht so einfach, wie ich mir es vorgestellt hatte. Da diese Sprache überhaupt nicht zu unserem Kulturraum gehörte und vom Klang her wie auch von der geschichtlichen und phonethischen Entwicklung nicht mit unserer Muttersprache zu vergleichen war, konnte ich absolut keine, nicht einmal eine entfernte Ähnlichkeit mit dem deutschen Sprachbild erkennen. Gegen diese exotische Sprache war selbst das Erlernen des lateinischen, welches für die meisten Schüler spätestens beim *Bellum Gallicum* ein furchtbares Martyrium darstellt, ein Sandkastenspiel.

Ich quälte mich stundenlang mit Sprachkassetten und Schriftmaterial herum, täglich; nach drei Monaten hatte ich einen Wortschatz von ungefähr zwanzig Wörtern, einige Zahlen eingeschlossen. Von freier Rede konnte keine Rede sein.

Ich büffelte und büffelte, aber sei es, dass mir ein gewisses Sprachtalent abging, oder lag es an dem verfluchten Singsang dieser malaysischen Aussprache; ich kam keinen Schritt weiter. Meiner besseren Hälfte gegenüber erwähnte ich nichts von meinen Schwierigkeiten. Sie sah mich täglich pauken, mit Kopfhörer und Kassetten, und sie zeigte sich sehr zufrieden. Sie hatte bereits einen Termin auserkoren und alle unsere Freunde hierzu eingeladen; zu einem festlichen Mahl bei uns daheim. Bei diesem Festmahl würde ich die Tischrede halten, mit außerordentlicher Sprechkultur in einer außergewöhnlichen Sprache.

Das bevorstehende Ereignis rückte näher. Ich war immer noch nicht weitergekommen mit meinen Sprachkenntnissen; fieberhaft suchte ich nach einer Lösung, wie ich diesen verfluchten Abend hinter mich bringen konnte, ohne mich zu blamieren. In der Not fiel mir eine List ein, sozusagen ein Überlebenstrick. Ich war mir sicher, dass keiner von unseren Freunden diese exotische Sprache beherrschte. Mit englisch, französisch, gegebenenfalls noch italienisch, damit musste man rechnen, aber malaysisch?

Was lag also näher, als zu improvisieren? Ich studierte eiligst in der noch verbleibenden Zeit bis zu dem großen Abend ein kleines Gedicht ein, welches ich aus der malaysischen Übersetzung des Musical *My fair Lady* entnommen hatte. Eigentlich war es mehr ein Lied denn ein Gedicht, das bekannte Musikstück: ›Es grünt so grün, wenn Spaniens Blüten blühen...‹

Dieses Stück wandelte ich nur geringfügig um; ich ließ Malaysias Blüten erblühen, damit wenigstens auch der Landesname erwähnt wurde, und ich lernte es auswendig, von vorne bis hinten und zurück. Es hörte sich denn auch einigermaßen ansprechend an, in diesem speziellen Singsang, bei der ersten Sprachprobe vor dem Spiegel. Ich musste allerdings mehrfach an mich halten, nicht in die Melodie zu verfallen und das Ganze zu singen.

Einen Tag vor dem absoluten Höhepunkt meiner malaysischen Spracherziehung hielt ich eine Generalprobe ab, vor der versammelten Familie als Publikum. Ich sagte ihn auf, den Text zu diesem Musicalhit, zehnmal nacheinander, in malaysischer Sprache, mit wechselnder Betonung. Als ich geendet hatte, erhielt ich donnernden Applaus von der ganzen Familie.

Meine Tochter sagte zu mir: »Papa, das war sehr schön, das klang richtig gut. Aber, sag einmal, was hast du eigentlich gesagt, in deiner Ansprache? War die Rede politisch gefärbt?«

Ich versprach meiner Tochter, in Kürze die deutsche Übersetzung zu dem Text nachzuliefern; ich hatte es halt aus Zeitnot noch nicht dazu gebracht. Hierfür hatte meine Familie vollstes Verständnis; die Augen meiner Gemahlin leuchteten vor Stolz.

Der Abend war gekommen. Wir saßen mit unseren Kindern und unseren Freunden am reichlich eingedeckten Tisch, nur ein Ehepaar fehlte noch. Am Tisch waren hingegen noch vier Plätze nicht besetzt; das irritierte mich ein wenig. Meine Söhne begannen, die Gläser der Gäste einzuschenken. Mein Glas hatte ich bereits vor lauter Lampenfieber selbst eingeschenkt und hielt es in der Hand, bereit, einen Toast auszusprechen.

Es schellte an der Tür.

»Das werden Ute und Albert sein«, sagte mein Weib in die Runde, »ach, Schatz, mir fällt ein, ich vergaß, dir zu sagen, dass sie noch jemand mitbringen. Ein reizendes Ehepaar aus Malaysia, sie haben die beiden vor kurzem auf einem Empfang kennen gelernt und sich angefreundet. Es sollte eine Überraschung für dich sein.«

Ich ließ das volle Glas fallen; das letzte was ich noch wahrnehmen konnte, war das entsetzte Gesicht meiner Tochter, dann fiel ich in eine tiefe Ohnmacht. Als ich erwachte, lag ich auf der Couch, die gesamte Familie um mich versammelt; alle Gäste waren bereits gegangen. Meine Frau fragte mich teilnahmsvoll, was denn los gewesen sei, ob ich etwas Falsches gegessen oder getrunken hätte, vor der Festmahlzeit; sie habe sich schon Sorgen gemacht. Dann teilte sie mir mit, dass alle Gäste sehr taktvoll gewesen seien und sofort aufgebrochen waren, nach meinem Zusammenbruch.

»Doch aufgeschoben ist nicht aufgehoben«, fügte sie hinzu, »wir haben die Einladung vertagt, auf das nächste Wochenende, so hast du Zeit genug, dich zu erholen.«

Ich fiel erneut in Ohnmacht. Als ich aus dieser zweiten Ohnmacht erwachte, fasste ich einen festen Vorsatz: Ich werde mich künftig niemals auch nur von ferne einer fremden Sprache nähern.

Die Fernsehzeitung habe ich auch abbestellt.

In the year 2050

Kürzlich, unterwegs mit dem Auto, erlebte Eugenius Hautkappe, Richter am Landgericht einer mittelgroßen Stadt in diesem Lande, eine Überraschung. Als er während der Fahrt auf die elektronische Anzeige im Bereich des Autoradios blickte, hatten sich dort Uhrzeit und Datum verändert. Dieses geschah am helllichten Tage, so gegen fünfzehn Uhr im Monat Mai des Jahres 2003.

Die Anzeige hingegen wies völlig andere Zahlen auf: 20. 01. 2050, 00 Uhr 01!

Einzig die Temperaturangabe schien zu stimmen, neunzehn Grad Celsius, das konnte möglich sein, bei diesem Wetter. Da er die richtige Einstellung erst vor kurzem bei Beginn der Sommerzeit persönlich neu eingegeben hatte, war es ihm sofort klar, dass es sich hier nicht um eine fehlerhafte Bedienung des Displays handelte. Er schaltete das Radio ein, die Datumsanzeige erlosch, stattdessen erschienen der Name und die Frequenz des Senders; fröhliche Musik erklang.

Die Anzeige der Uhrzeit allerdings hatte sich nur um eine Minute weiterbewegt: 00 Uhr 02, an einem sonnendurchfluteten Nachmittag. Nach einigen Minuten schaltete er das Radio wieder aus, erneut dieses ominöse Datum: 20.01.2050.

Nervös fummelte der Richter nun am Radio herum, ein, aus, verschiedene Sender. Währendessen verlangsamte er die Fahrt und blickte mehr oder weniger aufmerksam auf den Straßenabschnitt vor sich. Gerade wollte er in eine verkehrsarme Seitenstraße einbiegen, um dort anzuhalten und das gesamte Display noch einmal in Ruhe in Augenschein zu nehmen, als plötzlich wie von Geisterhand die richtigen Daten wieder erschienen.

Wie war so etwas möglich?

Atmosphärische Störungen? Signale aus dem All? Er dachte nicht weiter darüber nach und setzte die Fahrt fort. Während des gesamten Nachmittags änderte sich die Anzeige nicht mehr, alles verblieb im korrekten Bereich. Als er zum Abend hin das Fahrzeug in die Garage stellte, warf er einen letzten Blick auf alle Daten. Völlig normal und korrekt.

Einige Tage später, an einem Vormittag, während einer Fahrt auf der Autobahn, erneut das gleiche Spiel; wiederum dieses verrückte Datum mit der merkwürdigen Uhrzeit: 20. 01. 2050, 00 Uhr 01!

Der Richter war nicht unbedingt ein Mann, auch schon von seinem Amte her, in dem nicht wenige schwierige Entscheidungen zu treffen waren, der vorschnell zu welcher Art von Aberglauben auch immer tendieren würde, nun jedoch kam ihm doch das Shakespeare-Zitat des Hamlet in den Sinn. »Es gibt mehr Ding, im Himmel und auf Erden, als Eure Schulweisheit sich träumt, Horatio.«

Was wollte ihm dieses Datum sagen? Er konnte sich keinen Reim darauf machen. Wen konnte er in dieser Angelegenheit befragen, er, der als introvertiert galt und es sicher auch war, wie er sich selbst eingestand; er konnte nicht so einfach sein Inneres nach außen krempeln und sich mit Freunden oder sogar Kollegen in diesem Punkt beraten.

Auch seiner Frau wollte Eugenius sich nicht mitteilen, weil er nicht zu Unrecht fürchtete, sie könne dieses merkwürdige Datum als einen Fingerzeig Gottes auffassen und würde ihn von nun an ständig in den Ohren liegen, seinen Lebenswandel hinsichtlich seiner Gesundheit zu verbessern.

Zu guter letzt sah er doch eine Möglichkeit, wie einen Silberstreifen am Horizont. Wie wäre es, wenn…

Dann jedoch verwarf er diesen Gedanken; nein, das kann man nicht machen. Doch diese Idee, einmal in seinem Kopf Fuß gefasst, ließ ihn einfach nicht mehr zur Ruhe kommen; der Gedanke hatte sich einfach festgesetzt. Warum eigentlich nicht, fragte er sich wiederholt, letztendlich lässt sich diese wundersame zweimalige Änderung der Anzeigedaten nicht erklären, aber auch nicht wegdiskutieren, sie war Fakt, unumstößlich. War es in diesem Fall nicht naheliegend, wenigstens den Versuch zu wagen?

Richter Hautkappe beschloss, eine Wahrsagerin zu konsultieren! Leichter gesagt, als getan. Dieses Unterfangen schien auf den ersten Blick keine größere Schwierigkeit darzustellen, so sollte man meinen; vielleicht bildete es auch kein Problem für den anonymen Otto Normal Bürger, sich bei einer Wahrsagerin Rat zu holen. Jedoch für ihn, den stadtbekannten Richter, allseits hochgeschätzt und verehrt, zuweilen auch ein wenig gefürchtet wegen seiner nicht immer gnädigen Urteilssprüche? Könnte er es wagen, in seiner Funktion, mit seinem Amt, welches ihm wie eine zweite Haut angepasst schien, einen solchen Schritt zu tun? Wenn es publik würde!

Er malte sich die Folgen aus, in düstersten Farben; er sah bereits die Schlagzeilen in der Presse, nicht nur im lokalen Bereich:

»Justitia holt Rat ein in der Kristallkugel! Gerichtsentscheide vom Jahrmarkt!«

Wahrscheinlich würde man im Nachhinein alle seine bisher gefällten Urteile in Zweifel ziehen, ihm die Frage stellen, bei welchen von diesen er sich vorher dubiose Vorraussagen eingeholt habe. Vielleicht mussten alle Fälle noch einmal aufgerollt werden. Nein, so war das nicht möglich.

Er wollte allerdings auch nicht darauf verzichten, einen Blick in die Zukunft zu werfen und war fest entschlossen, hinter das Geheimnis des rätselhaften Tages zu kommen. Diskretion war gefragt, absolute Verschwiegenheit. In aller Vorsicht zog er Erkundigungen ein, über derartige Etablissements und ihre Gepflogenheiten, in entfernten Städten, wo ihn niemand kannte.

Schließlich hatte er gefunden, was er suchte. In einer sehr großen Stadt, weit im Süden der Republik, gab es Institute dieser Art, gleich mehrere; alle warben in ihren Anzeigen mit strikter Einhaltung von Diskretion, Wahrung der Anonymität und Vermeidung von sonstigen Peinlichkeiten.

Eine von diesen Annoncen stach ihm besonders ins Auge: ›Madame Vera kennt Ihre Zukunft! Wagen Sie den Blick ins Unendliche!‹ Der Vorname der Wahrsagerin flößte ihm Vertrauen ein, er betrachtete ihn als gutes Omen: Verus, Vera, Verum, nichts war für ihn wichtiger als die reine Wahrheit, und ein Blick ins Unendliche konnte auch nicht schaden, da dieser merkwürdige Termin ja auch noch in unendlicher Ferne lag.

Eugenius Hautkappe betrat den Salon von Madame Vera. Das, was er dort zu sehen bekam, erstaunte ihn nicht sehr, das heißt, eigentlich sah er fast nichts. Er wurde in einen dunklen Raum geführt, in welchem er außer einer schwach leuchtenden Kugel einige Schritte vor ihm nichts weiter wahrnahm. Man geleitete ihn bis zu einer harten Sitzgelegenheit, einem Stuhl aus Metall, unmittelbar vor der Kugel, die sich nun in Augenhöhe direkt vor ihm befand und langsam, sehr langsam heller zu werden schien.

Eine tiefe Frauenstimme, oder war es die eines Mannes, hieß den Richter willkommen und kam sogleich zum Kern der Angelegenheit.

»Fremder, nenne dein Begehren!«

Dass diese Stimme ihn duzte, gefiel ihm durchaus nicht, aber so etwas war offensichtlich in diesem Metier an der Tagesordnung; dass sie ihn direkt aufforderte, zur Sache zu kommen, gefiel ihm hingegen. Er fasste sich ein Herz und kam ohne Umschweife zum zentralen Punkt seines Anliegens.

»Wenn ich dich richtig verstanden habe, willst du von mir eine Auskunft darüber, was dieser noch weit in der Ferne liegende Tag dir bringen wird; was geschehen wird, an diesem Datum?«

Richter Hautkappe bejahte ungestüm.

»Du bist verheiratet, glücklich, wie ich sehen kann, du hast drei Kinder. Du stehst vom Alter her in der Blüte deines Lebens.«

»Woher wissen Sie…?« stammelte Eugenius.

»Das alles entnehme ich der Kugel, wie du dir sicher vorstellen kannst«, gab Madame Vera zurück und nannte ihm wie zur Bekräftigung noch sein genaues Alter sowie das seiner Frau und seiner Kinder.

»Doch nun zum Wesentlichen. Das, was sich in der Kugel vor mir auftut, wird dich schockieren, es handelt sich um eine furchtbare Nachricht.«

»Eine furchtbare Nachricht«, flüsterte der Richter »ist es, ist dieser Tag mein Todestag?«

Damit hätte er sich abfinden können, denn an diesem Tage hätte er die Hundert bereits überschritten; eigentlich hatte er gar nicht vor, so lange auf Erden zu verweilen.

»Schlimmer«, donnerte die Stimme hinter der Kugel, »viel schlimmer!«

Was konnte schlimmer sein als der eigene Tod, dachte er verzweifelt, etwa der Einzug in die Hölle?

»Es wird ein furchtbarer Tag für dich werden, unvorstellbar, aber es wird so eintreffen, wie es hier vor mir steht. An diesem Tage wird dein Weib einen Seitensprung begehen, ihren ersten ehelichen Fehltritt!«

»Einen Seitensprung? Meine Frau? Mit hundertzwei Jahren?«

»Es ist eine grausame Nachricht, ich habe es dir ja gesagt, aber tröste dich, du wirst letztendlich darüber hinwegkommen; es wird eine Weile dauern, aber du wirst es schaffen!«

Mit schlotternden Knien verließ Eugenius Hautkappe das Etablissement von Madame Vera. Draußen, in einer Seitenstraße, stieg er in seinen Wagen und ließ sich in den Sitz fallen. Mit unbändiger Wut brüllte er auf das Radio ein, samt Display:

»Nun nenn mir auch den Termin für meine Revanche!«

Lehrer sind auch (nur) Menschen

Eigentlich wollte ich gar nicht hin, zu dieser Fete, mitten in der Woche! Mein Weib bestand jedoch darauf.

»Wir müssen dahin«, entschied sie, »das sind wir den Leuten schuldig, schließlich haben sie uns schon zweimal vergeblich angesprochen. Diese Einladung dürfen wir jetzt nicht ausschlagen, das siehst du doch wohl ein.«

Ich sah es ein, widerstrebend.

»Nun gut, wenn es dann sein muss. Aber sag' einmal, welcher Blödmann feiert denn mitten in der Woche, wenn normal tätige unschuldige Bürger am nächsten Morgen früh aus den Federn müssen?«

»Der Blödmann feiert einen runden Geburtstag und ist der Vater der besten Freundin deiner Tochter, du unschuldiger Bürger«, gab meine bessere Hälfte zurück. »Außerdem bleibt es jedem selbst überlassen, ob er innerhalb der Woche oder am Wochenende seinen Festtag begeht. Andere Menschen, andere Sitten.«

Ich gab mich endgültig geschlagen. Wir wünschten unserer zwölfjährigen Tochter eine gute Nacht.

»Einen schönen Abend wünsche ich euch, und grüßt bitte ganz herzlich die Eltern von Ilona.«

»Wird gemacht.«

Eine kleine nette Gaststätte im Grünen. Der runde Geburtstag empfing uns an der Seite seiner Gattin.

»Wie geht es eurem Töchterlein? Unsere Tochter haben wir mit Mühe und Not überzeugen können, zu hause zu bleiben. Schließlich muss sie morgen früh aufstehen, außerdem sind heute Abend nur Erwachsene geladen. Aber am Wochenende wird noch einmal gefeiert, im Kreise der Familie. Sie freut sich schon sehr darauf.«

Darauf hätte ich mich auch gefreut, auf eine Feier am Wochenende, allein, um am Sonntag länger ausschlafen zu können, aber ich gehörte ja nicht zur Familie.

Die Party war in vollem Gange. Der Gastgeber hatte einen Discjockey geordert, der die Scheiben zum Tanze auflegte. Nach jeder Tanzpause bestürmten die Gäste diesen DJ, um ihre Wünsche für die nächste Runde anzumelden.

»Hast du mal was Flottes? Was Rockiges? Einen Walzer?«

Auch ich mischte mich in den Chor der Flehenden.

»Kannst du etwas von den Beatles auflegen, *Hey Jude* zum Beispiel?«

Bei diesen Worten fühlte ich mich unsanft an die Schulter gepackt. Ein Mann mittleren Alters mit blonder Löwenmähne.

»No, boy, nicht diese Töne! Keine Beatles! Wenn wir richtige Rockmusik hören wollen, dann nur von den Stones! Hey, Mann«, fuhr er den Discjockey an, »leg' sofort *Satisfaction* auf, aber dalli!«

Damit wollte ich mich nun absolut nicht zufrieden geben, schließlich ist man ja als echter Beatlesfan einem Stone weitaus überlegen.

»Hey, DJ«, brüllte ich los, »rück die Beatles raus, wir wollen rocken!«

»Du Weichei«, spottete der Stone, »bei der Musik kann man ja gar nicht rocken!«

Der Religionskrieg war voll entbrannt. Um uns Altrockerkampfhähne zufrieden zu stellen, spielte der DJ jetzt abwechselnd eine Stones und eine Beatlesscheibe. Mit zunehmendem Alkoholgenuss gingen mein langmähniger Stonesfreund und ich aufeinander zu, bis wir schließlich zusammen alle Texte der Songs beider Bands gemeinsam mitschmetterten; wir fanden es nur etwas merkwürdig, dass wir beide jeweils die Texte der verhassten Gegenpartei auswendig singen konnten.

Als wir uns schließlich verabschiedeten, tief in der Nacht, und von unseren Ehehälften mit sanfter Gewalt aus der Kneipe gezogen wurden, erwies mir mein Widerpart mit einem letzten »Lalalala, lalalala, hey Jude« die Ehre, während ich mich mit einem knallharten »Gimme, gime a honky tonk blues« revanchierte.

Der nächste Morgen begann fürchterlich. Als der Wecker gegen sechs Uhr klingelte, gaben gerade die beiden größten Rockbands aller Zeiten ein gemeinsames Konzert, in meinem Kopf. Zum Frühstück schlürfte ich einen Kaffee, er schmeckte grauenhaft.

»Du weißt ja, mein Schatz«, lächelte mein Weib süffisant, »dass heute Nachmittag Elternsprechtag ist, in der Schule deiner Tochter; ich hatte dir gestern einen Zettel mit den einzelnen Lehrern, die du aufsuchen wolltest, gegeben.«

Auch das noch. Alles, aber auch alles hatte sich gegen mich verschworen.

Am Nachmittag betrat ich das Schulgebäude. Am liebsten wäre ich stattdessen nach Hause gegangen und hätte mich ins Bett verkrochen; aber wie hatte meine Frau so trefflich formuliert:

»Wer saufen kann, der…«

Ich blickte auf den Zettel mit den zu besuchenden Lehrern. Fünf Namen standen darauf, mit den entsprechenden Fächern. Es war nicht zum Aushalten. Resigniert erkundigte ich mich nach dem Klassenraum des ersten Lehrers auf der Liste. Als ich diesen Raum von weitem bemerkte, atmete ich auf. Keine wartende Elternschlange vor der Tür.

Aus dem Zimmer war gedämpfte Klaviermusik zu hören. Die Barkarole von Jacques Offenbach. Ich klopfte an die Tür, trat ein und erstarrte. Der Stones vom Vorabend saß am Klavier und spielte zärtliche Musik. Als er mich erblickte, hielt er mit dem Spielen inne und sah mich verdattert an.

»Du hier?«

Ich stellte mich vor.

»Dann bist du der Vater von…?«

Ich bejahte. Zehn Minuten später erschallte es laut-stark durch das altehrwürdige Schulgebäude, zwei-stimmig: »Gimme, gimme a honky tonk blues!!!«

Als wir am späten Abend gemeinsam das Klassen-zimmer verließen, waren alle anderen Lehrer bereits gegangen. Auf dem Nachhauseweg schaute ich noch einmal auf die Lehrerliste. Hinter dem Namen des verrückten Musiklehrers stand in kleiner ungelenker Schrift:

›Mein Lieblingslehrer.‹

Ein Alptraum

Sie ist es, die mich anzieht, schon seit längerer Zeit; im doppelten Sinn des Wortes. In Bezug auf Kleidung ist mein Weib die Dreiteilung der Gewalten in Personalunion: Die Legislative, die Exekutive und die Judikative; alle drei Funktionen werden von ihr wahrgenommen. Sie beschließt, was ich anziehe, überwacht, was ich trage und beurteilt es.

»Wenn du mich nicht hättest«, betont sie des Öfteren, »würdest du herumlaufen wie ein Strolch!«

Merkwürdigerweise muss ich ihr in diesem Punkt Recht geben.

Vor einiger Zeit verbrachten wir einen Wanderurlaub in den bayrischen Alpen, zur Winterszeit; genaugenommen war es unser erster Winterurlaub in den Bergen. Herrliches Wetter mit ebenso herrlichem Schnee von den Berggipfeln bis hinunter ins Tal. Trotz dieses schönen Wetters war es selbst in der Sonne recht kühl, von den schattigen Hängen ganz zu schweigen. Diese tiefen Temperaturen veranlassten meine Frau eines Tages, als wir durch das Örtchen bummelten, zu folgender Bemerkung:

»Für diese Kälte und dieses Klima hier bist du absolut nicht richtig angezogen. Genaugenommen hast du eigentlich nichts an, nichts Vernünftiges, um dich gegen diese Temperaturen zu schützen. Das ist jedoch mein Fehler, ich hätte es wissen müssen; aber es ist ja auch unser erster Winterurlaub in den Alpen.«

Ich trug eine lange Cordhose, einen dicken Pullover und darüber eine Jacke, meine Füße steckten in halbhohen Stiefeln; eigentlich fühlte ich mich recht wohl in meinen Klamotten, und warm angezogen fand ich mich auch. Ich teilte diese Feststellung meiner besseren Hälfte mit, holte mir aber sofort eine Abfuhr.

»Schau dich doch an, so rennt hier kein Mensch herum. Du bist absolut nicht auf dem Laufenden. Aber wie gesagt, das ist nicht deine Schuld. Wenn wir nach hause kommen, gerade rechtzeitig zum Winterschlussverkauf, gehen wir sofort los, vielleicht bekommen wir noch ein paar Schnäppchen mit.«

Mit Grausen dachte ich an unsere Rückkehr und verlebte umso intensiver die noch verbleibenden Tage.

Zu Hause angekommen wurde die Drohung meiner Frau sofort in die Tat umgesetzt. Früh am Morgen, ich hatte mir extra frei nehmen müssen für dieses ›Ereignis‹, standen wir gleich am ersten Tag des Winterschlussverkaufes vor den noch geschlossenen Türen unseres Kaufhauses in der Innenstadt, inmitten eines Pulks von lauten und frohgemuten Personen, überwiegend weiblichen Geschlechts. Ich sah mich um und erblickte nur einige wenige männliche Opfer, die wie ich, einem Lamm gleich zur Schlachtbank geführt wurden; mit dem gleichen belämmerten Ausdruck.

Die Türen des Kaufhauses wurden geöffnet. Sogleich erhob sich ein Gejohle und Gekreische in der Menge, der Ansturm setze ein; es ähnelte schon sehr der Situation, wenn pubertierende Mädchen auf eine Boygroup losgelassen werden, nur dass es sich stattdessen um überwiegend reifere Frauen handelte.

Im Sog der frenetischen Masse wurde ich an der Hand meiner Ehefrau ins Zentrum des Hurrikans gespült. Als sich die Meute im Hause ein wenig verteilt hatte, führte mich mein Weib zielsicher in die Abteilung für Herrenmoden ins Obergeschoss. Hier erkannte ich einige von den männlichen Opfern wieder.

Meine Frau nahm einen Stapel Hosen von einem Garderobenständer, drückte sie mir in die Hand und dirigierte mich zu einer Umkleidekabine.

Der Alptraum begann.

Ich probierte die Hosen an; gleich bei der ersten, die im Bund recht eng bemessen war, bemerkte mein Weib spitz:

»Wann hattest du dich zur Kur angemeldet?«

Ich ignorierte dieses und stürzte mich verzweifelt auf die nächsten Beinkleider. Nach gut zwei Stunden, nachdem ich ungefähr an die vierzig Hosen durchprobiert hatte, machte mein Weib diesem grausamen Spiel ein vorläufiges Ende. Sie nahm drei Hosen, die in die engere Auswahl gelangt waren, unter den Arm, und auf ging es, zur nächsten Runde.

Jacketts!

Hier wiederholte sich das gleiche Procedere wie vorher nur mit dem Unterschied, dass ich zu jedem Jackett, welches mir vorgegeben wurde, alle drei Hosen anlegen musste, eine nach der anderen. Aus diesem Grunde dauerte dieser Vorgang auch ungefähr drei Stunden. Zwei Jacketts blieben zum Schluss übrig. Meine Frau deponierte die drei Hosen, die beiden Jacketts und mich bei der zuständigen Verkäuferin; sie wollte nunmehr für sich selbst auf Schnäppchenjagd gehen.

»Das ist für dich zu langweilig, bleib du hier sitzen, nimm ein Buch zur Hand und warte hier, ich komme gleich wieder zurück.«

Bezüglich der Langeweile musste ich ihr absolut Recht geben, die verspürte ich schon seit Beginn dieses vermaledeiten Tages. Ich zog mein Buch, das ich vorsorglich eingesteckt hatte, aus der Tasche, nahm in einer Ecke in der Nähe der Umkleidekabinen Platz und vertiefte mich in die Lektüre.

Nach ungefähr vier Stunden – es waren für mich die angenehmsten des Tages – kehrte mein Weib zurück und strahlte mich an.

»Ich habe es mir überlegt, in der Zwischenzeit. Eigentlich ist von all dem, was du heute anprobiert hast, nichts Gescheites dabei. Wir lassen es für heute. Es gibt ja auch noch andere Tage.«

Flugs nahm sie mich, der ich dem Wahnsinn nahe war, bei der Hand und schleifte mich zur Kasse.

»Aber es hat sich trotz alledem gelohnt. Schau mal, was ich für Schnäppchen erstanden habe, für mich.«

Ich zückte wortlos meine Brieftasche, bezahlte die Schnäppchen und verließ, bepackt wie ein Maulesel, an der Seite meiner Gattin das Kaufhaus. Hinter uns wurden die Türen abgeschlossen.

Ein merkwürdiger Handel

Um die Mittagszeit, mein Magen hatte sich schon mit einem leichten Grummeln bemerkbar gemacht, verließ ich das Büro und begab mich auf meinen alltäglichen Bummel durch die Innenstadt. Für gewöhnlich, so auch an diesem Tage, suchte ich zuerst ein zentralgelegenes Fastfood Restaurant auf, um für ein kleines leibliches Wohl zu sorgen, kein großes Menü, um Gottes Willen, denn in diesem Fall hätte mich der Büroschlaf, den ich am Nachmittag mit Mühe und Not abwenden konnte, vollends übermannt.

Nachdem ich diese kleine Mahlzeit eingenommen hatte, in dem überfüllten Lokal, in Eile und stets froh, es schnell wieder zu verlassen, setze ich meinen mittäglichen Spaziergang fort. Hierbei variierte ich die Strecke täglich, so dass im Laufe einer Woche die gesamte City von vorne bis hinten durchkämmt wurde.

Dieses Mal verschlug es mich auf meinem Weg in die exotische Zone der Stadt, sogenannt, weil man hier mehrere ausländische nichteuropäische Restaurants vorfinden konnte, von der chinesischen, über die indonesische und vietnamesische bis hin zur mexikanischen Küche. Eine bunte internationale Mischung, für jeden Gaumen etwas.

Als ich am Ende dieser Straße in eine seitliche Gasse einbog, um auf diesem Weg wieder zurück zu meiner Arbeitsstelle zu gelangen, hielt ich verblüfft inne. Anstelle des bis vor einigen Tagen dort noch befindlichen Buchladens erblickte ich ein anderes Ladenlokal, ein ganz anderes Geschäft! An der Stelle, an der die bishe-

rige Leuchtreklame mit der Aufschrift ›Bücher‹ in großen Lettern auf die literarischen Genüsse aller Art
aufmerksam gemacht hatte, befand sich nun eine große Reklameschrift mit dem Text ›Grenzen‹, darunter in
etwas kleineren Buchstaben: ›An- und Verkauf‹.

Was sollte das bedeuten? Handelte es sich um einen
Scherz? Mit erwartungsvollem Gefühl trat ich näher.
In den beiden Schaufenstern rechts und links des Ein-
ganges, wo bis vor kurzem mit Büchern aller Art die
Wissbegier der eifrigen Leser erweckt wurde, gab es
nun Grenzsymbole in verschiedenen Ausführungen
sowie alle möglichen Materialien und Werkzeuge, um
Absperrungen und Grenzanlagen zu errichten. Nunmehr neugierig geworden, betrat ich das Geschäft.

Sofort wurde ich von einem freundlichen jungen
Mann in Empfang genommen, der sich nach meinen
Wünschen erkundigte. Ein wenig zaghaft fragte ich
zuerst nach dem Verbleib des bisherigen Buchladens.

»Ach, wissen Sie«, erklärte der junge Mann, »es hat
sich wohl nicht mehr gelohnt, so wie es zur Zeit al-
lenthalben aussieht, in dieser Branche. Die Leute wollen einfach nicht mehr lesen. Um die Menschen von
heute anzulocken, wenn ich es mal so salopp sagen
darf, bedarf es einfach einer anderen Strategie. Man
muss sich schon was anderes einfallen lassen.«

Etwas anderes war es in der Tat, da musste ich ihm
Recht geben, was sich dieses Geschäft hatte einfallen
lassen, mit dieser Reklame. Ich sprach ihn darauf an.

»Entschuldigen Sie bitte meine Neugier, aber an
Hand Ihrer Reklame und Ihrer Schaufensterdekorati-
on bin ich doch ein wenig verwirrt, um was für eine

Art Geschäft es sich handelt. Betreiben Sie eine Art Baustoffhandel für die Errichtung von Zaunanlagen?«

Der junge Mann musterte mich amüsiert.

»Baustoffhandel ist nicht schlecht. Sie sind ein Mann mit Humor, nicht wahr? Nein, im Ernst, die Ausstellungsstücke, die Sie draußen sehen konnten, haben eher einen symbolischen Charakter. Wir handeln mehr mit den sogenannten inneren Grenzen des Menschen, mit seinen psychologischen Barrieren und Eingrenzungen, für jeden Geschmack ist etwas dabei«, lachte er.

»Natürlich können Sie in unserer Abteilung für den Bereich der rein materiellen Grenzen auch das notwendige Rüstzeug erhalten, um eine solche zu errichten, angefangen vom Jägerzaun für Ihr Häuschen im Grünen bis zur hochtechnisch gesicherten Grenzanlage nach Bauart des ehemaligen eisernen Vorhanges. Unsere eigentliche Domäne jedoch ist der Ver- und Ankauf psychologischer, rein geistiger Grenzen einschließlich der unverbindlichen Beratung in diesem Bereich.«

Ich war ein wenig verwirrt.

»Psychologischer Bereich? Sie verkaufen Grenzen im psychologischen Bereich?«

»Natürlich, und davon leben wir, unter anderem, und das gar nicht mal schlecht. Aber, wie gesagt, wir kaufen auch an, wir betreiben einen An- und Verkauf, wie Sie vielleicht auch schon unserer Werbung draußen entnommen haben.«

»Sie kaufen auch psychologische Grenzen an?« nahm mein Erstaunen kein Ende.

»Das tun wir! Wir sind für jedermann und zu aller Zeit bereit, ihm ein wenig von seinen inneren Begrenzungen, seinen, ich formuliere es mal ein wenig vorsichtig, Beschränktheiten abzunehmen und im Gegenzug mit der gleichen Menge an Weltoffenheit, Toleranz oder Fremdenfreundlichkeit – unser Katalog ist sehr lang – einzutauschen.«

»Und was für eine Sorte Menschen sind Ihre Kunden in diesem außergewöhnlichen Handel?«

»Oh, das sind alles Menschen auf dem Wege zur eigenen Läuterung, zur inneren Einsicht; ehemalige Diktatoren, Fundamentalisten, politische Falken und sonstige Schmalspurdenker. Leider entschließen sich diese Personen in der Regel erst sehr spät, oftmals auch nicht ganz freiwillig, zum Kauf resp. Verkauf.«

»Und wer, bitte, kauft diese psychologischen Grenzen, diese Beschränkungen, diese Scheuklappen, bei Ihnen?«

»Das ist natürlich die Gruppe derer, die auf dem Wege sind, das zu werden, was die zuvor Genannten abzulegen gewillt waren. Ich verrate Ihnen kein Geheimnis, wenn ich Ihnen sage, dass sich nicht wenige ehemals demokratisch veranlagte Politiker unter diesen befinden, aber auch religiöse Fanatiker aller Art, Rechtsradikale, kurzum, all diese Menschen, die der Intoleranz nahe stehen oder sich mit schnellen Schritten auf sie zu bewegen.«

»Vielen Dank für Ihre Auskünfte, junger Mann, eine letzte Frage hätte ich allerdings noch, bitte.«

»Ich stehe Ihnen mit meinem ganzen Wissen zur Verfügung.«

»Gibt es bei dieser Art Ihres Handels, des An- und Verkaufes der persönlichen psychologischen Grenzen, eigentlich einen Unterschied in der Konjunktur zu verzeichnen?«

»Aber natürlich«, lachte der junge Verkäufer mit diabolisch verschmitztem Lächeln, »der Verkauf läuft stets besser!«

Stayin' alive

Amerikanische Universitäten unterscheiden sich von denen in old Germany in einigen Punkten. Eigentlich ist es ein hauptsächlicher Punkt, der das Wesentliche der verschiedenen Systeme besonders hervorhebt. Doch das wussten wir zu diesem Zeitpunkt noch nicht so genau...

Eine Universität in den Vereinigten Staaten, irgendwo im Nordosten dieses großen Landes. Eine Ansammlung von diversen Gebäudekomplexen, in beschaulicher Ruhe, naturverbunden, weit abseits von hektischen Metropolen. Alles erinnerte in seiner fast ländlichen Atmosphäre eher an eine Schlossparkanlage irgendwo im Münsterland denn an eine Hochschule im modernsten Staat der Welt. Ein Ort, an dem man sonntags gern seine Familie zum Spaziergang ausführt.

Wir hatten ein Stipendium erhalten, meine bessere Hälfte und ich, ein ganz spezielles Stipendium, das unter dem Titel »für Spätberufene und Hochbetagte« angesiedelt war, und das hatte uns an diese Universität geführt. Alles in allem war diese idyllische Atmosphäre dieser an eine Altenwohnanlage erinnernde Bildungsstätte der richtige Rahmen, um unsere eingerosteten grauen Zellen wieder aufzufrischen.

So machten wir uns am Morgen nach unserer Ankunft auf, das Terrain zu sondieren; für den Abend war eine kleine Einführungsfeier für uns Altstipendiaten vorgesehen, mit anschließendem Willkommensball. Diese Feierlichkeit, gleichsam Auftakt und erster Höhepunkt des neuen Semesters, war vorgesehen in der sogenannten Sport- und Mehrzweckarena, an die sich ein offenes Sportstadion anschloss.

Eine Sportarena ist aus dem amerikanischen Hochschulleben nicht wegzudenken. Selbst von den trockensten Geisteswissenschaften wird eine zumindest passive Teilnahme an wichtigen Sportveranstaltungen erwartet. So kann es geschehen, dass selbst in den Wolken schwebende Philosophen, die im Allgemeinen mit Sport wenig anzufangen wissen, sich irgendwann einmal auf der Tribüne bei einem Rugbyspiel wiederfinden, wenn nicht gar aktiv auf dem Platz in Erscheinung treten. Der Überlieferung nach soll dieses in der Tat an dieser Hochschule einmal einem deutschen Gastprofessor um die letzte Jahrtausendwende widerfahren sein.

Gegründet wurde diese Universität im neunzehnten Jahrhundert; eine unübersehbare Tafel in der Nähe des Hauptgebäudes, in dem sich Verwaltung, Mensa und Bibliothek befanden, wies stolz darauf hin. Nachdem wir nun die Sportarena nebst Stadion sowie weitere Bereiche des Campus inspiziert hatten, betraten wir das Hauptgebäude, um die Bibliothek aufzusuchen.

Schon beim Betreten dieses Gebäudes fiel uns eine Eigenart auf, die an deutschen Universitäten eher nicht in dieser Form vertreten ist. Entlang den Wandflächen im Eingangsbereich sowie auf den weiteren Fluren befanden sich zahlreiche großformatige Ölwandgemälde. Diese Bilder stellten Herren im überwiegend fortgeschrittenen Jahrgang, in würdiger Haltung und ehrerbietender Erscheinung, dar.

Gut, in deutschen Hochschulen gibt es auch, wenn es denn sein muss, die Konterfeis von elitären Wissenschaftlern, weltberühmt und bekannt aus den Gebieten ihrer Forschung, wie beispielsweise Professor Sauerbruch, wie die Eheleute Curie oder Albert Einstein, - von dem letztgenannten ist statt des Konterfeis mitunter nur die berühmte Formel dargestellt – zur Ansicht.

Eine solche Ansammlung von Personen jedoch – die meisten von ihnen schienen nicht direkt auf der ganzen Welt bekannt zu sein – in alten Ölschinken mit noch älteren Rahmen, das war für unsere europäischen Augen schon gewöhnungsbedürftig. Es handelte sich bei diesen Abbildern, wie wir später auf Anfrage, nachdem wir die gesamte Ahnengalerie abgeschritten waren, zur Antwort bekamen, um Personen, die in irgendeiner Weise mit der Gründung oder dem Fortbestand der Lehranstalt in Beziehung standen. Die Gründungsväter also, dachten wir, aber warum gleich so viele? Von der Anzahl waren es mehr als drei komplette Rugbymannschaften, die wir zusammenaddieren konnten. Manches ist eben doch anders, in den Staaten.

Wir begaben uns in die Buchhandlung in der oberen Etage. Bibliothek war eigentlich zuviel gesagt. Bücher gab es hier auch, und nicht in geringer Anzahl; vor allem aber gab es hier oben Artikel, die mehr an einen Souvenirladen auf der Loreley erinnerten als an die Bücherei einer altehrwürdigen Universität. So gab es Tücher, T-Shirts, Sportkappen, Teller, Tassen und Unmengen an Krimskrams, all diese Dinge zierte der Name der Hochschule; man hatte den Eindruck, man befand sich in einem Kramladen mit angeschlossener Bücherecke. Pecunia non olet, vielleicht nicht: aber an diese Art der Vermarktung geistiger Erziehung mussten wir uns doch erst gewöhnen.

Wir erstanden zwei Tassen nebst einigen Büchern und beschlossen, bei der Lektüre dieser Bücher die Tassen, angefüllt mit edlen Getränken, zu benutzen. Hoch die Tassen auf den american Bildungs-way of life!

Als wir das Gebäude gerade verlassen wollten, betrat ein Herr im mittleren Alter den Eingangsbereich. Er grüßte uns freundlich und nahm seinen Weg auf in Richtung Mensa. Mein Weib und ich sahen uns erstaunt an und blickten dem Mann hinterher.

»Ist das nicht... Nein, das kann doch nicht wahr sein!« hatten wir den gleichen Gedanken.

»Der Mann sieht genauso aus wie einer von denen auf einem der alten Ölschinken«, bemerkte mein Weib respektlos, »hinten am Ende des Flures.«

»Die sind doch längst verstorben«, wandte ich ein, »diese Uni wurde in der Mitte des neunzehnten Jahrhunderts gegründet. Selbst wenn er zur damaligen Zeit noch ganz jung war, nein, unmöglich!«

»Du hast ja Recht«, entgegnete meine bessere Hälfte, »aber ich könnte schwören, dass ich ihn auf einem der alten Gemälde gesehen habe. Lass uns doch noch einmal zurückgehen, zu diesem Bild, und anschließend gehen wir in die Mensa, zum Kaffeetrinken, und schauen uns diesen Mann unauffällig an.«

Wir bewegten uns zu dem besagten Gemälde. In der Tat, ich musste meiner Frau Recht geben, eine Ähnlichkeit zwischen dem Bild und dem wandelnden Original war unübersehbar.

»Gewisse Ähnlichkeit ist gut«, brummte mein Weib, sie hatte das schärfere Auge von uns beiden, »das ist genau das Abbild des Mannes, der in der Mensa sitzt. Du wirst sehen!«

Wir betraten die Mensa. Nun musste auch ich eingestehen, in der Tat, das ›Wandgemälde‹ saß an einem Ecktisch und schlürfte einen Tee.

»Ich glaube nicht, was ich sehe«, sagte ich verwirrt zu meiner besseren Hälfte, »ich glaube, das mit dem Studium hier war vielleicht doch keine so gute Idee.«

Wir tranken unseren Kaffe und ließen den Mann aus dem Ölschinken nicht aus den Augen. Schließlich stand dieser auf und verließ die Mensa. Auch wir verließen einige Zeit später das Gebäude, noch ein wenig wirr in den Köpfen.

Langsam schlenderten wir durch den Park, in Richtung unseres Wohnheimes, das auf dem Campus lag. Plötzlich blieben wir beide stehen, wie erstarrt. Vor uns, auf unserem Weg, kamen uns zwei weitere ›Wandgemälde‹ entgegen, eifrig in ein Gespräch vertieft. Auch diese beiden, zwei Herren im vorgerückten Alter, mit grauen Schläfen, etwas jünger vielleicht als wir selbst, grüßten überaus freundlich. Verlegen grüßten wir zurück.

»Wo sind wir denn hier gelandet?« rief mein Weib erschreckt aus, nachdem die beiden Gemälde ein wenig weiter fort waren, »Ich sehe nur noch Gespenster!«

Wir beeilten uns, in unsere Behausung zu gelangen, zu groß war die Furcht vor einer weiteren Begegnung dieser Art.

»Heute Abend auf dem Ball werden wir diese verrückte Geschichte aufklären«, versuchte ich, meine

Frau und auch mich selbst zu beruhigen, »Das alles muss sich doch klären lassen. Wir leben schließlich nicht im neunzehnten Jahrhundert.«

Wir machten uns auf den Weg zur Sportarena. Es waren viele Menschen unterwegs, alle hatten sie wie wir das gleiche Ziel. Vorsichtig hielten wir Ausschau, in der Befürchtung, auf weitere ›Personen in Öl‹ zu stoßen; zum Glück blieben wir von derartigen Überraschungen verschont. Wir betraten den Festsaal, gerade noch rechtzeitig, um an einem leeren Vierertisch Platz zu nehmen, ehe die Lichter im Saal abgedämpft und Scheinwerfer auf eine größere leicht erhöhte Bühne im Vordergrund gerichtet wurden.

Bei dem Anblick, der sich dort darbot, stockte uns der Atem! Auf der Bühne stand eine Schar von männlichen Personen, alle nicht mehr die Jüngsten, einige im mittleren, andere im vorgerückten Alter. Vor ihnen, mit dem Rücken zum Publikum, stand ein weiterer Mann mit grauem Haupthaar; er hielt die rechte Hand nach oben. Mit einer langsamen Bewegung senkte er die Hand, und im gleichen Augenblick begann die Altherrenriege zu singen.

Was uns die Haare zu Berge stehen ließ, war die Tatsache, dass wir all diese Gesichter auf der Bühne schon einmal gesehen hatten, noch am gleichen Tag; allesamt waren es Gestalten aus den Wandgemälden, einer wie der andere. Und nun begannen diese in Öl verewiglichten Menschen auch noch zu singen, unter Anleitung ihres Maestros!

Der Chor erhielt viel Beifall, nach dem ersten Stück. Es folgten zwei weitere Liedbeiträge, ebenfalls mit großem Applaus bedacht. Anschließend verließen die Sänger mit ihrem Dirigenten die Bühne und bewegten sich in den Saal zurück. Die Herren nahmen an verschiedenen Tischen Platz; zwei von ihnen steuerten zu unserem maßlosen Entsetzen auf uns zu und fragten höflich, ob noch Plätze frei seien. Wir bejahten stumm, mit den Augen nickend; sprechen konnten wir vor lauter Grauen nicht. Die beiden Wandgemäldesinger nahmen frohgemut Platz an unserem Tisch. Eigentlich sahen sie nicht so aus, als seien sie vor über hundert Jahren verstorben; im Gegenteil, sie wirkten sportlich trainiert, man hätte vermuten können, dass sie in ihrer Altersklasse mühelos die goldenen Sportabzeichen erwerben könnten, wenn sie diese nicht gar schon besaßen.

Eine Musikkapelle spielte zum Tanz auf. An vielen Tischen erhoben sich die Gäste, es waren auch zahlreiche von den Wandgemälden darunter, und schritten zur Bühne, die nun als Tanzfläche diente. Auch unsere Tischgenossen erhoben sich von ihren Plätzen und strebten zielbewusst auf einen Nachbartisch zu, an dem zwei Damen im reiferen Alter saßen. Höflich forderten sie diese zum Tanze auf und bekamen keinen Korb; vergnügt begaben sich alle vier zur Tanzfläche.

Mein Weib und ich blickten ihnen regungslos nach, noch immer nicht der Sprache mächtig. Wie von ungefähr richtete ich meine Augen nach oben, zur Decke. Meine Frau folgte meinem Blick. Der obere Abschluss des Raumes bestand aus einer Spiegelfläche. Wir schauten uns verblüfft an, beide hatten wir den gleichen Gedanken. Uns kam der bekannte Film von Polanski in den Sinn, Tanz der Vampire, und die darin enthaltene großartige Menuettszene im Spiegelsaal.

»Gleich werden wir die Gewissheit haben, ob es sich bei den Wandgemälden um lebende oder verstorbene Personen handelt«, flüsterte ich meiner besseren Hälfte zu. »Du weißt ja, was ich meine.«

Meine Frau nickte mir unmerklich zu. Wir starrten beide zur Decke. Doch was wir erwarteten, traf nicht ein. Alle Personen im Saal wurden von der Decke wiedergespiegelt; wir konnten keine ausmachen, weder auf der Tanzfläche noch an den Tischen, die kein Spiegelbild warf. Unerklärlich!

Die Kapelle legte eine Tanzpause ein. Unsere beiden Tischnachbarn geleiteten ihre Partnerinnen an ihre Plätze und setzten sich wieder zu uns. Offensichtlich machten wir einen reichlich verstörten Eindruck auf sie, denn sie begannen nun vorsichtig, sich nach unserem Befinden zu erkundigen. Wir nahmen all unseren Mut zusammen:

»You are not dead? How can you dance when you are dead?", brachten wir mit letzter Kraft über die Lippen. Die Beiden musterten uns mit einem Blick, als wären wir selbst soeben aus den Wandgemälden getreten, vor ihren Augen.

»Dead? Why should we be dead? Why do you believe that we are dead?"

Um zu verhindern, dass man uns auf unseren Geisteszustand untersuchen würde, konnten wir nicht umhin, eine Erklärung abzugeben für das doch recht merkwürdige Verhalten, das wir an den Tag gelegt hatten. So schilderten wir ihnen unsere Mutmaßungen.

Als wir geendet hatten, brachen die beiden ›Wandgemälde‹ in schallendes Gelächter aus.

Sie erklärten uns, dass sie beide wie auch die anderen ›Wandgemälde‹ im Saal Sponsoren dieser Hochschule seien. Im Gegensatz zum deutschen Bildungssystem finanzierten sich die amerikanischen Universitäten in erster Linie aus relativ hohen Studiengebühren und eben aus Sponsorengeldern. Und somit erhält man als Sponsor für ein paar (Millionen) Dollar bereits die Gegenleistung, zu Lebzeiten ›in Öl‹ dargestellt zu werden.

Nachdem wir beide, meine Frau und ich, diese Erklärungen mit ungemeiner Erleichterung zur Kenntnis genommen hatten, erklärten wir den gemalten Sponsoren, dass man es in Europa und vor allem in Deutschland nicht gewohnt sei, schon zu Lebzeiten auf Ölschinken Platz zu finden, zumindest nicht in der heutigen Zeit.

»In Germany, you have to be dead if you want to appear on an oil-painting. They all must be dead in order to be on a painting!" bekräftigten wir zum Schluss.

«But we are alive!" riefen unsere Tischfreunde aus. »We are alive and we want to stay alive for a long time, hopefully."

Die Musikband spielte auf zum nächsten Tanzlied: Stayn' alive von den BeeGees. Unsere Sponsoren hasteten zur Tanzfläche.

Wahnsinn

Wir bereiteten uns auf den anstehenden Opernabend vor. Diese Vorbereitung vollzog sich in der Regel dergestalt, dass meine bessere Hälfte mir meine Gewänder für diesen Abend herauslegte und sich im gleichen Atemzug selbst herausputzte. Ich ließ derweil noch einige Takte des zu Gebote stehenden Opernstückes auf mich einrieseln, übers Grammophon, und beschäftigte mich zeitgleich mit der Lektüre der Handlung des Werkes.

»Schatz, welche Oper bekommen wir heute zu sehen?« flötete mein Weib aus dem Nachbarzimmer.

»Lucia di Lammermoor, Schätzchen«, gab ich fröhlich zurück, »ein phantastisches Werk.«

»Worum geht es in diesem phantastischen Werk?«

»Das kann ich dir so zwischen Tür und Angel nicht erklären, Augenblick mal.«

Ich stand auf, stellte den Plattenspieler ab und begab mich zu meinem Weibe, die gerade versuchte, sich mit hochrotem Kopf in ein für meinen Geschmack viel zu enges Kleid zu zwängen. Ich versuchte, meiner Frau den Inhalt des Stückes mit wenigen Worten darzulegen.

»Also, im Mittelpunkt der Oper steht eine Frau, aus höchsten Adelskreisen, die über den Umstand, dass sie den Mann, den sie liebt, nicht heiraten darf und dass sie aus Staatsräson einen anderen nehmen muss, dem Wahnsinn verfällt.«

»Wie traurig«, bemerkte meine bessere Hälfte, »das ist ja genauso, als wenn ich…«

»Lass, lass!« unterbrach ich sie rüde.

Wenn meine Frau einen Satz mit »das ist ja genau so« beginnt, dann folgen meist für mich nicht nachzuvollziehende Vergleiche. Sie verzog die Mundwinkel, ein wenig eingeschnappt. Ich änderte den Tonfall.

»Sag mal, mein Schatz«, fuhr ich zärtlich fort, »wärest du auch dem Wahnsinn verfallen, wenn du statt meiner einen anderen Mann hättest nehmen müssen?«

Erwartungsvoll blickte ich sie an. Mein Weib hielt inne, bei ihrer Toilette, und musterte mich prüfend.

»Ich bin dem Wahnsinn verfallen, schon seit langer Zeit«, bemerkte sie spitz, »aber nicht, weil ich einen anderen, sondern weil ich dich nehmen musste!«

Nun war es an mir, beleidigt zu sein.

»Schatz«, schlug meine Frau wiederum einen versöhnlichen Tonfall an, »hilf mir bitte, die Halskette anzulegen! Ich kann hinten doch nichts sehen.«

»Und ich habe meine Brille nicht dabei«, knurrte ich, und verließ erbost das eheliche Schlafgemach.

Mit grimmigen Mienen saßen wir beide im Auto, auf dem Weg zu einem entspannenden Abend. Irgendwie hatte sie es fertiggebracht, sich die Halskette allein umzulegen; nun saß sie wortlos neben mir auf dem Beifahrersitz. Alles vollzog sich schweigend, nach einem einschlägigen Ehekrachritual. Ich hätte ihr so gern noch einiges von der bevorstehenden Oper erzählt, auf die ich mich seit Tagen vorbereitet hatte, gern noch die eine oder andere Arie geschmettert oder aus dem Kassettengerät zu Gehör gebracht, wie ich es sonst zu tun pflegte, wenn wir nicht in Kampfesstimmung dem Abend entgegensahen.

Wir nahmen unsere Plätze ein, im Parkett, immer noch ohne Worte. Die Oper begann. Ich schloss die Augen, um mich der wunderbaren Musik hinzugeben und gänzlich abzuschalten. Doch an diesem Abend wollte es mir nicht so recht gelingen.

Der Höhepunkt der Oper, die Wahnsinnsarie der Lucia war gekommen. Im Parkett war es nun mucksmäuschen still, man hätte die berühmte Stecknadel fallen hören können. Auch auf der Bühne war es totenstill. Merkwürdig, der gesamte Chor auf der Bühne blickte in Richtung Publikum. Noch immer gelang es mir nicht, mich komplett auf diese Szene, das musikalische Highlight des Werkes, zu konzentrieren. Mein Kopf war noch beschäftigt mit dem blöden Streit.

So ein blöder Abend, schoss es mir durch den Kopf. Was hat sie nur?

Im gleichen Augenblick schallte es von der Bühne, in edler Sopranstimme:

»So ein blöder Abend, was hat sie nur?«

Mein Gott, was war das denn? Die Darstellerin der Lucia, die inzwischen die Bühne betreten hatte, war von ihrem Text abgewichen und sang offensichtlich meine Gedanken! Das war ja ungeheuerlich! Sie stand mitten auf der Bühne, blickte mir ins Gesicht und sang meine Gedanken. Ich spürte, wie das Blut mir zu Kopfe stieg.

»Manches mal könnte ich ihn gegen die Wand klatschen!« erklang es nun von der Bühne. Dieses waren nun allerdings nicht meine Gedanken gewesen, irgendjemand anderes musste so etwas durch den Kopf gegangen sein. Ich blickte zu meiner Frau hinüber. Sie hatte den gleichroten Kopf wie ich.

Aha, dachte ich, daher weht der Wind, deine Gedanken liest sie auch, warum musstest du auch mit dem Kopf durch die Wand gehen?

»Musstest du auch mit dem Kopf durch die Wand gehen?« tönte es gleichsam als Echo von der Bühne. Wir blickten uns beide an, mein Weib und ich, mit hochroten Köpfen.

»Sie kann unsere Gedanken lesen«, flüsterte kaum vernehmlich meine bessere Hälfte.

»Ich weiß«, gab ich ebenso leise zurück.

Nun begannen auch die Zuschauer, sich für uns zu interessieren. Vor uns in den Reihen drehten sich etliche von ihnen um und blickten uns unverhohlen ins Gesicht.

›Dreht euch um, ihr Blödköpfe!‹ dachte ich bei mir.

»Ihr Blödköpfe«, hörte man von der Bühne.

›Das hast du nun davon‹, dachte ich in Richtung meiner Frau.

»Hast du nun davon«, klang es gnadenlos.

»Zum Streit gehören immer Zwei«, klang es weiter. Mein Weib hatte mir gedanklich geantwortet.

Wir müssen hier raus, dachte ich flehentlich; mein Weib schien das gleiche zu denken.

»Sie müssen hier raus«, erklang das Echo von vorne.

»Gib mir deine Hand«, flüsterte ich meiner besseren Hälfte zu, »komm, lass uns gehen!«

»Reich mir die Hand, mein Leben«, klang es nun vielstimmig von der Bühne, der gesamte Chor sang nun mit, »komm auf mein Schloss mit mir!«

Fluchtartig verließen wir unter starkem Beifall des Publikums und aller Darsteller auf der Bühne das Parkett. Wir haben uns geschworen, nie mehr vor einer

Opernaufführung einen Streit vom Zaun zu brechen. Dann schon lieber das Gegenteil;

...aber wenn sie dann auch wieder die Gedanken lesen können?

Guitarissimo

Wir befanden uns im sonnigen Süden, auf der Insel Sizilien. Taormina, oh du schöne Stadt unter dem Berg des Taurus! Unser Hotel, eine vornehme und exklusive Herberge, befand sich im Zentrum der Stadt, hoch über dem Meer. Gottlob hatten wir ein Zimmer zur straßenabgewandten Seite, mit herrlichem Blick zum naheliegenden griechisch-römischen Amphitheater und darüber hinaus auf das in der Tat blaue Meer.

Traten wir hingegen aus unserer Hoteltür, befanden wir uns unmittelbar auf dem Corso, der für den Auto- und sonstigen Kraftfahrzeugverkehr gesperrten Hauptstraße. Hier empfing uns pulsierendes Leben, bis in die späten Nachtstunden.

Von diesem Corso führten, bedingt durch die Hanglage Taorminas, in rechtwinkliger Anordnung zahlreiche treppenförmig angelegte Gassen und Gässchen auf- und abwärts durch die Innenstadt.

Viele dieser Gassen, die tagsüber als Durchgangspassagen dienten, wurden des Abends zu offenen Restaurants oder Gaststätten umfunktioniert. Tische nebst Bestuhlung wurden herausgestellt und eingedeckt, Tafeln mit Speisekarten für die angebotenen Köstlichkeiten placiert; das eine oder andere Mal gesellte sich ein hübsches Blumenarrangement dazu.

Wenn man in den Abendstunden die Hauptstrasse entlangging, fiel der Blick auf ein buntes Treiben, in den Gassen oberhalb und unterhalb des Corso.

Des Öfteren geschah es, dass in diesen Gassen vor den Tischen der Restaurants kleine Musikkapellen zur

Begleitung aufspielten. Sie wanderten von Tisch zu Tisch, fragten mitunter nach den musikalischen Wünschen der Gäste; soweit es das Repertoire der Gruppen zuließ, wurde den Gästen dann ein Wunschkonzert präsentiert.

Direkt gegenüber unserem Hoteleingang befand sich eine solche Gasse. Am Tage konnte man hier ruhigen Fußes zu der höher gelegenen Straße gelangen; vorbei an einem kleinen Buchladen mit den neuesten Abenteuern des sizilianischen Commissario Montalbanos; die Restaurants waren um diese Zeit noch geschlossen.

In den Abendstunden jedoch war hier der Teufel los. Dann gab es Musik zu hören, italienische Folklore, lautstark und lebensecht, eben südländisch, sehr zum Vergnügen der meist ausländischen Touristen.

An einem der ersten Abende unseres Urlaubes, es war noch nicht sehr spät, kehrten wir von einem Stadtbummel zurück und standen vor unserem Hotel. Laute Musik klang von der oberen Gasse zu uns herunter.

»Schau mal«, bemerkte ich zu meiner besseren Hälfte, »da drüben spielt eine Folkloregruppe. Lass uns doch noch einen kleinen Abstecher dorthin machen, zum Abschluss des Abends. Einen romantischen Abend unter südlichem Himmel«, fügte ich pathetisch hinzu.

Mein Weib beäugte mich misstrauisch, vielleicht hatte ich nach ihrer Meinung bereits ein Glas mehr als nötig getrunken. Sie willigte schließlich dennoch ein, wies aber darauf hin, dass sie, da wir nun schon einmal vor dem Hotel standen, sich ein wenig frisch machen wolle, auf unserem Zimmer.

»Du kannst ja schon einmal vorgehen und einen Tisch freihalten.«

Hocherfreut nahm ich Platz an einem kleinen Tisch für zwei Personen, auf dem untersten Treppenabsatz der kleinen Gasse. Etwas oberhalb von meinem Tisch stand eine kleine Musikkapelle, eine Art Combo, vor einem größeren vollbesetzten Tisch und spielte auf: eine fröhliche Tarantella.

Die Combo, das war eine Gruppe von drei Musikanten; einem Akkordeonspieler, einem Gitaristen und einem Vorsänger mit einer Rassel. Drei Herren mittleren Alters, die gute Laune und ebensolche Musik versprühten. Das Musikstück war zu Ende, alle Gäste spendeten Beifall, besonders starken Applaus bekam die Band natürlich von den Gästen des Tisches, an dem sie soeben vorgetragen hatte. Der Vorsänger mit der Rassel ließ einen Hut am Tisch herumkreisen.

Die Musikanten stiegen eine Stufe herab und traten an den Tisch direkt oberhalb von meinem Sitzplatz. Ein junges Paar saß an diesem Tisch, händchenhaltend, sich tief in die Augen blickend. Im gleichen Moment servierte man mir mein Getränk. Die Band setzte an zu einem besonders innigen Schmusesong, offensichtlich der Musikwunsch des verliebten Paares. Auch hiernach das gleiche Spiel; man applaudierte, der verliebte Jüngling warf ein Geldstück in den Hut, die Combo dankte herzlich.

Von meinem Weib noch keine Spur zu sehen.

Indes traten die drei Musikanten an meinen Tisch. Sie fragten mich höflich, ob ich einen besonderen Musikwunsch hätte. Ich dachte, dass man nach dem soeben gehörten Schmuselied vielleicht etwas Fetzigeres zu Gehör bekommen könne, zur Abwechselung.

Ich fragte die Band, ob sie den Titel »Azzurro«, von Paolo Conte, den seinerzeit der Herr gesungen hatte, der dem Affen Zucker gab, in ihrem Repertoire hätten.

»Das haben wir«, bestätigten sie, »na, wie beginnt das Lied noch einmal?« fragten sie sich gegenseitig.

»Ich spiele das Lied zuhause immer in A-Dur, auf der Gitarre«, warf ich ungefragt ein.

Das hätte ich nicht sagen dürfen!

Der Gitarrist zögerte nicht lange, nahm seine Gitarre von der Schulter und überreichte sie mir wortlos. Der Akkordeonspieler forderte mich durch Kopfnicken sogleich auf zu beginnen. Was sollte ich tun? Ich hatte A gesagt, A-Dur nämlich, nun blieb mir auch nichts anderes übrig, als

B zu spielen.

Ich schlug die Gitarre an, der Akkordeonspieler, ein musikalisches Naturtalent, setzte unmittelbar ein; der Vorsänger schwang seine Rassel und ließ seine Stimme erschallen. Da ich den italienischen Text kannte, stimmte ich verhalten in den Gesang ein. Der Gitarrist stand hinter dem Sänger, ohne Instrument, dafür hatte er jetzt den Hut in der Hand.

An den oberen Tischen waren mittlerweile einige Gäste aufgestanden, um besser sehen zu können, was sich da unten abspielte. Man sah drei Musiker, einer von ihnen ohne Instrument, vor einem Tisch, an dem ein fremder Mann saß, der die Gitarre schlug und dabei Azzurro sang!

Sie fragten sich wahrscheinlich, ob das Ganze ein geplanter Gag war, mit einem Gaststar. Wir sangen die zweite und auch die letzte Strophe.

Meine bessere Hälfte war immer noch nicht zu sehen.

Das Lied war zu Ende, die drei Musikanten verbeugten sich, auch ich erhob mich von meinem Stuhl und tat ein gleiches. Der Akkordeonspieler setzte sich für einen Moment an meinen Tisch. Er lobte meine Spielweise:

»Das war gar nicht schlecht, für den Anfang.«

Dann zeigte er mir eine Auflistung des üblichen Liedgutes, welches sie in ihrem Repertoire hatten.

»Wir können auch noch andere Stücke spielen, doch diese Musik kommt hier nicht an, hier draußen.«

Wir plauderten noch ein Weilchen über die Musik im Allgemeinen und die Art der Arrangements im Besonderen. Dann erhob er sich.

»Wir müssen weiterspielen, die Gäste werden unruhig.«

Er blickte sich um nach seinen Mitstreitern. Der Vorsänger trat zu uns.

»Wo ist Carlo?« fragte der Akkordeonspieler.

»Ich weiß nicht, ich dachte, er wäre bei euch.«

Sie riefen nach Carlo, dem Gitaristen. Carlo war nicht zu sehen. Wahrscheinlich war er nur einmal kurz dahin gegangen, wo Kaiser, Päpste und sogar Politiker zu Fuß hingehen müssen. In diesem Augenblick trat der Kellner aus der Tür des innenliegenden Restaurantbereiches.

»Carlo ist weggegangen. Er hatte einen Hut auf, als er ging.«

Die beiden Musikanten schauten erst verdutzt den Kellner, dann sich gegenseitig an.

»Er hatte einen Hut auf? Er hat unseren Hut mitgenommen?« rief der Vorsänger aus. »Aber die Gitarre, die hat er hier gelassen!«

Er blickte mich herausfordernd an.

»Und einen Gitarrenspieler haben wir auch!«

Ich wurde von einem Gefühl panischer Furcht erfasst. Die beiden bemerkten dieses, nahmen mich in ihre Mitte und sprachen beruhigend auf mich ein.

»Keine Angst, Mann! Nur ein paar Lieder. Die kannst du doch spielen, du hast doch unsere Liste gesehen, nichts Besonderes.«

In der Tat handelte es sich um allseits bekannte Lieder aus der italienischen Folklore.

»Wir gehen jetzt nach oben, zu den ersten Tischen und fangen von neuem an«, sagte der Vorsänger, »auf geht's, meine Herren!«

Oben angekommen, trat der Akkordeonspieler einen Schritt vor, spielte einen Tusch und verkündete dem Publikum:

»Wir spielen nun für euch einige der schönsten Folklorestücke Italiens. Wir haben nur die Texte ein wenig in die sizilianische Mundart gebracht.«

Es ging los.

»Oh, sole mio!«

Dieses Lied kannte ein jeder, wenn auch nicht mit diesem Text. Ich spielte gezwungenermaßen mit, ohne zu singen; soweit hatte ich es mit meinen Italienischkenntnissen noch nicht gebracht, dass ich sizilianisch singen konnte.

Mein Gesang wurde allerdings nicht vermisst; die Melodie dieses Liedes war allen bekannt, die Stimmung steigerte sich, an allen Tischen. Nach diesem Lied gab es großen Beifall. Der Vorsänger ließ einen Hut an den oberen Tischen herumkreisen; er hatte einen zweiten sozusagen aus dem Hut gezaubert. Der Hut füllte sich mit Münzen und Scheinen.

Wir wollten gerade zum nächsten Lied ansetzen, als ich bemerkte, wie mein Weib aus der Hoteltür heraustrat und sich anschickte, die Treppenanlage hinaufzusteigen. Wir begannen, zu spielen:

»Volare«

Volare! Ein beziehungsreicher Titel. Wie gern wäre auch ich in diesem Augenblick weggeflogen! Aber es half nichts, ich musste spielen. Meine bessere Hälfte näherte sich dem Tisch, an dem ich vorher gesessen hatte. Das Getränk, das dort stand und an dem ich nur kurz genippt hatte, bevor ich zum Musikanten wurde, war bereits weggeräumt worden. Mein Weib trat an diesen Tisch und setzte sich; erst jetzt blickte sie zu uns herüber. Wie von einer Tarantel gestochen, sprang sie auf. Sie traute ihren Augen nicht. Sie glaubte nicht, was sie sah! Mit ihrem Mann hatte sie einen Urlaub auf Sizilien gebucht, in einem Fünfsternehotel, mit allem erdenklichen Komfort; und nun sah sie diesen Kerl, ihren Gemahl, als Straßenmusikanten, vor diesem Luxushotel, wie er einen Hut herumlaufen ließ! Das konnte doch wohl nicht wahr sein! Nach einer längeren Schrecksekunde schien sie sich zu fassen. Sie setzte sich wieder an den Tisch. Aus der Ferne sah ich, wie ihr Körper geschüttelt wurde. Sie weinte!

Ich hätte sie so gerne getröstet, doch das Schicksal war erbarmungslos. Wir sangen weiter, dann stiegen wir einige Stufen herab. Ich blickte vorsichtig zu meiner Frau herüber und bemerkte, dass ihr Körper immer noch geschüttelt wurde. Mein Gott, was für ein Weinkrampf! Ich blickte genauer hin. Erst jetzt stellte ich fest, dass das, was ich für einen Weinkrampf gehalten hatte, sich als das Gegenteil erwies! Sie lachte, sie lachte hemmungslos! Mein Mitgefühl wandelte sich in Empörung. Ich stand hier, fest eingebunden in meine musikalischen Mitstreiter, und sie lachte.

Das Lied war zu Ende. Wir traten an ihren Tisch. Der Vorsänger hielt den Hut ausgestreckt und machte ihr schöne Augen.

»Nur für Sie haben wir so schön gespielt, Signora, nur für Sie.«

Mein Weib strahlte den Sänger an. Demonstrativ nahm sie einen großen Geldschein und ließ ihn in den Hut gleiten. Es war ungefähr die Summe, die ich als Deputat für unsere abendlichen Vergnügungen vorgesehen hatte. Für meine Biere und ihre Mineralwasser. Nun gab es kein Bier mehr, in diesem Urlaub!

Wir spielten bis weit nach Mitternacht. Meine Frau war längst gegangen; im Weggehen hatte sie dem Vorsänger eine Kusshand zugeworfen. Schließlich wurde abgerechnet. Der Inhalt des Hutes ergab eine erkleckliche Summe. Meine beiden Mitspieler erklärten mir, dass diese Summe nach einem besonderen Schlüssel aufgeteilt würde. Da ich neu war, blieben für mich nur ein paar Prozentanteile übrig. Es war gerade soviel, dass ich mein angenipptes und verschaltes Bier zahlen konnte.

»Ab morgen gibt es mehr«, versprachen sie.

Ich verabschiedete mich von meinen neuen Kumpanen und schlich traurig und müde ins Hotel. Meine bessere Hälfte schlief bereits seit Stunden.

Die restlichen Urlaubstage verließ ich in den Abendstunden das Hotel nicht mehr. Meine Frau ging derweil alleine aus. Ich habe viel ferngesehen, an diesen Abenden.

Frauensache

Unterwegs im Zug in Richtung Süden. Wir waren aufgebrochen, um einen zünftigen Urlaub im süddeutschen Gebirge zu verbringen. Der Zug, den wir gewählt hatten, sollte uns in einer Fahrt bis an unseren Bestimmungsort im äußersten Süden dieses Landes bringen, ohne lästiges Umsteigen. Wir saßen zu sechst im Abteil; meine bessere Hälfte und ich sowie zwei weitere Ehepaare im nicht mehr jugendlichen Alter. Diese hatten bereits die richtige Kleidung für die bevorstehende Bergwelt angelegt, so als wollten sie aus dem Zug heraus direkt einen Gipfel erklimmen. Das Gepäck der vier Bergfreunde bestand nicht aus Koffern, sondern aus zwei größeren und zwei kleineren Rucksäcken, ganz so wie es sich gehörte.

Die beiden Männer, rüstige Endsechziger mit braungegerbten Gesichtern, unterhielten sich angeregt über die kommenden Bergtouren und tauschten hierbei frühere Erlebnisse aus; ihre Ehehälften saßen schweigend dabei und strickten vor sich hin. Wir hörten aufmerksam zu, bei dieser Unterhaltung, ein wenig neidisch, weil wir mangels eigener Ehrfahrung nicht mitreden konnten. Verschämt blickten wir bisweilen zu unseren Koffern hoch, in denen wir unsere Rucksäcke samt Bergkluft versteckt hatten. Allmählich ebbte die Unterhaltung der beiden Männer ab und versiegte schließlich ganz; sie schauten nun zum Abteilfenster hinaus, während ihre Frauen munter weiterstrickten.

Mein Weib nahm etwas zum Lesen zur Hand, eine allseits bekannte Frauenzeitschrift, und begann, darin zu blättern. Ich zog ein Buch aus der Tasche und vertiefte mich in die Lektüre.

Plötzlich hielt meine Frau mir ihre Zeitschrift entgegen und sagte laut und vernehmlich:

»Hier Schatz, ließ einmal, das wird dich bestimmt interessieren.«

Die gegerbten Ledergesichter blickten mich überrascht an, ihre Frauen legten das Strickzeug aus der Hand; unverblümt, mit nicht zu leugnender Neugier schauten auch sie mir ins Gesicht. Wiederwillig nahm ich die Frauenzeitschrift entgegen. Das, was mein Weib als interessant für mich herausgesucht hatte, war ein Artikel über neuere Literatur im Allgemeinen und Frauenliteratur im Besonderen. Ich überflog den Artikel und reichte meinem Weib die Zeitschrift zurück.

»Lass uns in den Speisewagen gehen«, schlug ich vor, »so langsam meldet sich mein Magen.«

»Auf bald«, verabschiedeten wir uns von den beiden Paaren im Abteil, die uns unverwandt anstarrten. Im Speisewagen stellte ich meine Frau wütend zur Rede:

»Was sollen denn diese Naturburschen von mir halten? Nicht genug, dass ich hier im weißen Anzug sitze, in den du mich freundlicherweise gesteckt hast, für einen Urlaub im Hochgebirge, nicht genug, dass wir unsere Rucksäcke versteckt halten und dafür feinste Lederkoffer zur Schau stellen, zu allem Überfluss musst du mir auch noch vor aller Augen eine Frauenzeitschrift unter die Nase halten. Jetzt bin ich doch bei diesen Menschen unten durch. Sie halten mich doch nun für einen Dandy, diese Bergfreunde, für einen, der sich in die Berge verlaufen hat. Es fehlt nur noch, dass du mir gleich ein Strickzeug in die Hand drückst!«

Meine bessere Hälfte zeigte sich einsichtig.

»Du hast ja Recht. Es ist das erste Mal, dass wir in die Berge fahren, aber wie richtige Gebirgstouristen sehen wir nun nicht gerade aus. Das nächste Mal packe ich die richtigen Sachen ein, ich schwöre es! Und die Zeitschrift brauchst du auch nicht mehr zu lesen, das machen wir später, wenn wir angekommen sind.«

Wir verließen das Zugrestaurant und begaben uns auf den Weg zu unserem Abteil. Als wir dieses erreichten, staunten wir nicht schlecht. Die beiden Bergvagabunden hielten jeder ein Strickzeug in den Händen und ließen eifrig die Maschen fallen, dabei unterhielten sie sich über die neusten Strickmoden. Ihre Ehehälften lasen derweil aufmerksam in Computerfachzeitschriften.

Ich riss meinem Weib die Frauenzeitschrift aus der Hand und begann genüsslich zu lesen.

Frage ohne Antwort

Seit einigen Tagen stand ich regelrecht neben mir, wusste nichts so recht mit mir anzufangen. Irgendwie, so verspürte ich den dringenden Wunsch, musste Abhilfe geschaffen werden, unverzüglich; so konnte es nicht weitergehen. Ich erinnerte mich daran, dass die Philosophen der Antike, diese großen Wahrheits- und Weisheitssucher, immer dann, wenn sie in eine geistige Sackgasse geraten waren, wenn sie keine Antworten auf ihre bohrenden Fragen fanden, ein solches Dilemma zu lösen pflegten, indem sie sich kurzzeitig unter das ganz gewöhnliche Volk mischten. Dort, bei den einfachen Menschen, die in rechtschaffener und mühsamer körperlicher Arbeit ihrem täglichen Broterwerb nachgingen, erhofften sie dann die Impulse, die Denkanstöße zu finden, welche sie unter ihresgleichen, in ihrer erhabenen Geisteswelt, vergeblich suchten.

Dieses Beispiel mir zu Herzen nehmend, verließ ich abends das eheliche Wohngemach und unternahm einen ausgedehnten Spaziergang, um ein wenig frische Luft zu genießen und unter Leute zu kommen. An einer Eckkneipe angelangt, verspürte ich plötzlich ein unwiderstehliches Durstgefühl; so gab ich mir einen Ruck und trat ein. Gerade hatte ich Platz genommen, an einem kleinen Tisch unweit der Theke, als ich von dort ein lautes Geschrei vernahm:

»Komm da weg, Arthur, verdammt noch mal; bin ich hier der Wirt oder du?« rief ein Mann mittleren Alters mit einer Lederschürze einem jungen Mann mit einer Nickelbrille zu, der sich hinter der Theke am Zapfhahn zu schaffen machte.

Wie elektrisiert sprang ich von meinem Stuhl auf. Das war es, genau das, wonach ich seit Tagen suchte. Hier gab es offensichtlich einen Zeitgenossen, der sich mit dem gleichen Problem herumschlug wie ich.

›Bin ich hier der Wirt oder du?‹, ließ ich diese existenzielle Frage leise auf der Zunge zergehen; diese Frage sprach den Kern des Sachverhaltes unmittelbar und in aller Deutlichkeit an. Hier war ein Mann auf der gleichen Suche wie ich, bei der Findung zu sich selbst; ich hatte einen Leidensgenossen gefunden!

Hocherfreut trat ich auf den Suchenden in der Lederschürze, der sich mittlerweile hinter den Tresen begeben hatte, zu. Der zuvor von ihm Gescholtene mit Namen Arthur saß inzwischen auf einem Barhocker vor der Theke, in einer Reihe trinkfreudiger fröhlicher Männer.

»Hören Sie, werter Herr«, sprach ich den Lederbeschürzten an, »ich wurde soeben unfreiwillig Ohrenzeuge Ihres Seelenschmerzes, offensichtlich befinden Sie sich auf der Suche nach Ihrem Ich. Aus diesem Grunde sehe ich mich überglücklich, in Ihnen einen gleichsam Fühlenden anzutreffen. Ich bitte Sie herzlich, lassen Sie uns diesen Weg gemeinsam gehen, denn auch ich bin auf der Suche nach mir selbst!«

Der so Angesprochene blickte mit äußerstem Erstaunen zuerst mich, dann die Tresengäste an. Einige von diesen verzogen ihre Mundwinkel zu einem Grinsen, auch Artur lächelte spöttisch.

»Was ist denn das für ein Knabe?« fragte der Lederbeschürzte die Männer an der Theke, »wisst ihr, was der von mir will?«

Ich war ein wenig irritiert, dass er nicht mit mir, sondern mit den anderen sprach, doch ich ließ nicht locker.

»Liebster Freund«, sprach ich ihn erneut an, »es lag beileibe nicht in meiner Absicht, Ihnen zu nahe zu treten, glauben Sie mir. Ich wollte doch nur zum Ausdruck bringen, dass ich mich Ihnen gerne anschließen möchte, auf Ihrer Suche! Ich helfe Ihnen, sich selbst zu finden und festzustellen, ob Sie der Wirt hier sind oder nicht, und Sie helfen mir, herauszufinden, wer ich bin.«

Nun ballte der Mann seine rechte Hand zur Faust und hielt mir diese unter die Nase. Er schrie: »Siehst du das hier, du Komiker? Das ist meine Faust; und wenn meine Faust dein Kinn berührt, dann weißt du garantiert nicht mehr, wer du bist, aber dafür weißt du dann genau, wer ich bin!«

Die Männer an der Theke begannen bei diesen Worten lauthals zu lachen.

»Aber ich will Ihnen doch nur helfen, Suchender!« flehte ich den Wirt an.

»Jetzt ist Schluss!« schrie dieser mit zornesrotem Gesicht, im selben Augenblick verspürte ich einen stechenden Schmerz an meiner linken Gesichtshälfte und begann, zu taumeln. Als ich wieder zu mir kam, saß ich draußen vor der Kneipe auf dem Gehweg. Langsam erhob ich mich und trottete schleppenden Schrittes nach hause. Behutsam öffnete ich die Schlafzimmertür und hörte die regelmäßigen Atemzüge meiner besseren Hälfte.

Ich legte mich neben sie und versuchte, Schlaf zu finden; allein, es gelang mir nicht. Mein Gesicht schmerzte, meine Füße taten weh, und zu allem Überfluss begann mein Weib auch noch zu schnarchen. Ich stöhnte innerlich auf und nahm mir fest vor, am nächsten Tag die Suche fortzusetzen, nach meinem Ich; irgendwo musste es doch zu finden sein.

Big Brother is watching you

Um das, was ich bisher zu Papier gebracht hatte, einem auserwählten Kreise kundzutun und um gleichzeitig nicht das Schreiben zu verlernen, meldete ich mich vor einiger Zeit bei einem Forum einer Literaturzeitschrift an. Diese Zeitschrift veranstaltete einen sogenannten durchgängigen Schreibwettbewerb, ein geistiges Kräftemessen mit Feder und Kiel, zu turnusmäßig wechselnden Themen. Dieses alles erfolgte, wie auch anders denkbar in der heutigen Zeit, auf elektronischem Wege, per Computer. Zum Zeitpunkt meines Eintritts existierte dieses Forum seit gut einem halben Jahr und bestand, wie ich einer elektronischen Mitgliederliste entnehmen konnte, aus ungefähr zweihundert Mitgliedern.

Viele von diesen Mitgliedern hatten sich blumenreiche Pseudonyme zugelegt, – so gab es zum Beispiel einen Teilnehmer, der sich als notariell beglaubigter Universalerbe von Johann Wolfgang von Goethe bezeichnete; aus diesem Grunde standen seine Beiträge stets im besonders kritischen Augenmerk aller Schreibwettstreiter – sodass oftmals schwer zu erkennen war, ob es sich um Männlein oder Weiblein bei den einzelnen Mitstreitern handelte. Andere wiederum gaben ungeniert ihren vollen Namen nebst Adresse preis, in tollkühner Bereitschaft, sich mit eventuellen handgreiflichen Kritiken auseinander zusetzen.

Und schon sind wir beim eigentlichen Thema: Den Mitgliedern wurden, wie bereits erwähnt, in regelmäßigen Abständen Themen vorgegeben, zu denen sie zu einem festgesetzten Termin einen schriftlichen Beitrag, sei es in lyrischer Form, sei es in Prosa, einsenden sollten. Im Anschluss daran konnten die Mitglieder sich im regen Gedankenaustausch zu den einzelnen Beiträgen äußern; von höchsten Jubelrufen bis zur vernichtenden Kritik. Darüber hinaus waren alle Mitglieder aufgerufen, die Beiträge in geheimer Stimmabgabe zu bewerten. Für die besten drei Beiträge waren Sachpreise ausgesetzt, sinnigerweise Geschriebenes von großen Meistern in gedruckter Form.

Eine Frage, die sich mir gleich zu Beginn der Teilnahme an diesem Forum stellte, war die Folgende: Wer bestimmte eigentlich die Themen und setzte sie uns gleichsam als zu schluckende Pillen vor, wer nahm die einzelnen Beiträge entgegen, wer überwachte letztendlich das gesamte Geschehen?

Schon bald hatte ich die Antwort gefunden. Er nannte sich ›Administrator‹, diese Person im Hintergrund. Er hatte keinen weiteren Namen, nur Administrator, ich nannte ihn insgeheim ›Big Brother‹. Dieser Administrator versorgte uns regelmäßig mit neuen Themen, nahm unsere Beiträge entgegen und stellte sie in das elektronische Medium ein. Er überwachte all unsere Korrespondenz und begleitete sie, teils mit munteren Zurufen, teils mit verbalen Faustschlägen. Darüber hinaus hatte der Administrator eine weitere Machtfülle: Er konnte einen Teilnehmer mit dem Bannstrahl belegen, zeitlich befristet oder auf Dauer, wenn dieser durch die Form seines Beitrages die geistige Gürtellinie unterschritt, beispielsweise durch obszöne oder gewaltverherrlichende Schriften. Man munkelte hinter vorgehaltener Hand, dass der Forumsknast zeitweise gut besucht war.

Doch wer verbarg sich hinter dem Administrator? War es ein menschliches Wesen aus Fleisch und Blut? War es männlich, war es weiblich? Oder verbarg sich hinter dieser Bezeichnung ein geschlechtsneutraler Roboter? Handelte es sich bei dieser Figur im Hintergrund gar um...?

Ich verwarf diesen Gedanken zuerst.

Nein, das konnte nicht sein!

Je mehr ich jedoch darüber nachdachte, umso wahrscheinlicher wurde dieser Gedanke, bis er zu einer fixen Idee in meinem Kopf wurde. Es konnte nicht nur, es musste so sein. Ich teilte diese meine Gedankengänge den einzelnen Mitgliedern unter Umgehung des offiziellen Forums mit, auf geheimem Wege, und bat sie, mir mitzuteilen, was sie von meiner Theorie hielten.

Nach meiner Überzeugung verbarg sich hinter dem Administrator ein im deutschen Lande wohlbekannter prominenter Zeitgenosse, der aus ungenannten Gründen im Hintergrund bleiben wollte, sei es, dass er aufgrund seiner Stellung im öffentlichen Leben nicht zu erkennen geben durfte, dass er schreiben und lesen kann, sei es, dass ihm ein öffentliches Bekenntnis zum geschriebenen Wort in anderer Weise Schaden zugefügt hätte.

Ein Sportler vielleicht, gar ein Boxer, der einen Karriereknick zu befürchten hätte, wenn er auf diese Weise geoutet worden wäre? Oder ein Politiker, einer von den konservativen; einen solchen könnte sicherlich auch eine nachgewiesene Verbindung zur literarischen Szene in arge Verlegenheit bringen.

Meine Mutmaßungen wurden im Forum heiß diskutiert. Schon sehr bald wurden offen erste Namen genannt, erörtert und wieder verworfen. So ging es munter hin und her in unserem Geheimforum; die erstaunlichsten Namen wurden aus dem Hut gezaubert; ich musste gestehen, auf einige Vorschläge wäre ich nie gekommen. Plötzlich wurde ein Hut, sprich Name, in den Ring geworfen, woraufhin das gesamte Forum abrupt verstummte. Nachdem sich alle ein wenig erholt hatten, wurde die erste zaghafte Stellungnahme ins Forum gemailt.

»Ihr meint den heiligen Mann?«

»Natürlich!«

»Wer, der Papst, das Oberhaupt der Katholiken?«

»Quatsch, nicht dieser Papst; unser Papst, das Oberhaupt der Literatur schlechthin.«

»Marcel, natürlich, Marcel R.R.!«

Das ganze Forum verstummte wieder, für einige Zeit. Plötzlich folgte eine erlösende Mail.

»Wenn Marcel es wäre, der hätte doch in jeden Beitrag reingequatscht!«

Wir mussten feststellen, wir kamen nicht so recht voran. Aus diesem Grund beschlossen wir einstimmig, unsere Strategie zu ändern, um endlich dem geheimnisvollen Wesen über unseren Köpfen, unserem »Big Brother«, auf die Schliche zu kommen. Nach dem Wahlspruch »Wir sind das Volk!« richteten wir eine hochoffizielle Anfrage an den Administrator mit der Bitte, seine Anonymität zu lüften und sich uns von Angesicht zu Angesicht zu zeigen.

Zu unserer unbeschreiblichen Freude ging das unheimliche Wesen auf diese Forderung ein. Wir wurden allesamt zu einer Generalversammlung eingeladen. Die Einladung wurde vom Administrator offiziell publik gemacht; zu meinem großen Erstaunen stellte ich bei Durchsicht der offen verschickten Einladungen fest, dass sich die Anzahl der Mitglieder in unserem Forum inzwischen vergrößert hatte, um ein Vielfaches; aus den anfänglichen ›Gründungsmüttern und -vätern‹ waren es nunmehr an die zweitausend Personen geworden, zweitausend Schreiberlinge!

Aus diesem Grunde hatte man für dieses Treffen eine große Mehrzweckhalle auserwählt, in einer großen Stadt am Rhein. In ehrfürchtiger Erwartung dessen, was nun kommen sollte, hielten wir Einzug in die Festhalle, gemeinsam sangen wir dazu das Lied ›Knocking on heavens door‹; gewissermaßen klopften wir in der Tat an der Himmelstür.

In der Mitte der großen Halle, die nunmehr erst zu einem Drittel gefüllt war, hatte man ein viereckiges leicht erhöhtes Podest eingerichtet, ähnlich einem Boxring, es fehlten nur die Seile. Im Gegensatz zu einem Boxring jedoch drehte dieses Podest sich sehr langsam und war von allen Seiten gut zu erkennen. In der Mitte dieser Anhöhe saß auf einem thronähnlichen Gestühl eine Person, in Purpur gewandet; das Gesicht zierte eine goldene Maske.

Plötzlich erschallte es im Saal.

»Silentium, Silentium! Der Meister spricht!«

Augenblicklich trat Ruhe ein, angespannte Ruhe. Alles blickte auf den Maestro. Dieser erhob sich von seinem Thron und rief mit donnernder Stimme, die durch Mark und Bein ging:

»Generalamnestie für alle, die derzeit in Bann und Acht stehen!«

Unmittelbar darauf öffneten sich von außen die Tore, herein strömte eine Unmenge an Menschen; im Nu war die gesamte Halle randvoll. Es wurden nun Rufe laut, in Richtung Boxring.

»Meister, zeige dich dem Volke! Wir sind das Volk!«

Der Maestro stand noch immer mitten auf der Bühne, regungslos. Mit einer energischen Handbewegung riss er sich unvermittelt die Maske vom Gesicht und starrte in die Menge; das Podest drehte sich langsam weiter.

»Es ist Stefan Traubenwein!« rief eine laute Stimme.

»Stefan Traubenwein!« rief nun die ganze Halle.

Der Jubel kannte keine Grenzen.